国家社会科学基金一般项目（17BJY203）资助

南昌航空大学学术文库

基于宏观效应的金融脆弱性：
理论与实证

A Study on Financial Fragility Based on Macro Effects:
Theory and Evidence

舒长江 / 著

中央编译出版社
Central Compilation & Translation Press

图书在版编目(CIP)数据

基于宏观效应的金融脆弱性:理论与实证/舒长江著.
—北京:中央编译出版社,2018.8
ISBN 978-7-5117-3555-3

Ⅰ. ①基…
Ⅱ. ①舒…
Ⅲ. ①金融危机—研究
Ⅳ. ① F830.99

中国版本图书馆 CIP 数据核字(2018)第 023839 号

基于宏观效应的金融脆弱性:理论与实证

出 版 人:葛海彦
出版统筹:贾宇琰
责任编辑:曲建文
责任印制:刘 慧
出版发行:中央编译出版社
地　　址:北京西城区车公庄大街乙 5 号鸿儒大厦 B 座(100044)
电　　话:(010)52612345(总编室)　　(010)52612349(编辑室)
　　　　　(010)52612316(发行部)　　(010)52612346(馆配部)
传　　真:(010)66515838
经　　销:全国新华书店
印　　刷:三河市华东印刷有限公司
开　　本:710 毫米×1000 毫米　1/16
字　　数:145 千字
印　　张:12
版　　次:2018 年 8 月第 1 版
印　　次:2018 年 8 月第 1 次印刷
定　　价:45.00 元

网　　址:www.cctphome.com　　邮　　箱:cctp@cctphome.com
新浪微博:@中央编译出版社　　微　　信:中央编译出版社(ID: cctphome)
淘宝店铺:中央编译出版社直销店(http://shop108367160.taobao.com) (010)55626985

本社常年法律顾问:北京市吴栾赵阎律师事务所律师　　闫军　梁勤
凡有印装质量问题,本社负责调换,电话:(010)55626985

序

舒长江博士是南昌航空大学经济学系副主任，他的博士论文即将由中央编译出版社出版发行，而他申报的2017年国家社科基金课题也已正式通知立项，我为他博士学业终于画上了一个圆满的句号感到由衷地欣慰，也为他再次踏上人生旅途的又一个制高点而十分自豪。

我认识长江还是从审阅他的硕士学位论文开始。曾记得当年我是他硕士论文的评阅老师。他的硕士论文是研究货币政策规则以及货币政策目标的，特别是文中颇为娴熟地探讨泰勒规则等宏观经济模型，给我留下了深刻的印象。从那时开始，我才知道他，也很欣赏他的理论功底。后来他提出要报考我的博士研究生，我满心欢喜。由于种种原因，他一共坚持报考了3次，后来终于如愿以偿，正式开始了博士学位的攻读，我为他的执着深深感动，也为他的始终如一由衷钦佩。我很奇怪，这样的学生还真碰到不少，这也可能是好学生的一个共同品质吧。

长江是我的学生当中能够熟练进行宏观经济模型分析的最优秀学生之一。他对理论模型有相当好的悟性和把控能力，思维敏捷，学习和研究效率高，文字功底好。他在准备博士论文方向时，面临宏微观研究领域的选择，根据他的特长，我还是建议他做宏观金融方面的研究。现在看来，如果说当时的选择是正确的话，这一方面是他对这个领域的研究本身感兴趣，另一方面也是他有基础，做这方面研究更能有效地发挥其自身优势，理论上更易驾轻就熟。事实证明，当初的选择是对的。

宏观金融领域的研究相当复杂，一方面是问题特别多，另一方面是各方面事物错纵交织。我有两个基本观点：第一，经济事物由于人的参与，使得我们的研究对象更加地不确定。如果将整个宏观金融比作一个大市场，则各级政府部门、企业、金融机构以及个人各方参与者的行为时刻影响着市场的运行，众多的参与者及其行为构成了一个个小市场和分市场的活动以及正负反馈效应，随着逐个逐级由涓涓细流渐渐汇成滔滔江水，无数个市场参与者的博弈行为以及相应的正负反馈效应，便构成了整个宏观金融的不确定性。这就好比物理学中的量子力学，单个量子的完全随机性构成了其轨迹的概率性。

第二个观点是宏观金融研究的国别性。我们承认，金融无论作为学科还是作为产业都有很多共性的东西，如金融市场、金融机构、货币流通、利率、汇率等。但同时，我们应该看到，绝大部分金融市场、交易和活动都是在不同的国别之下进行的。不同的国情、不同的文化、制度、法律和思想意识等差异又决定着不同市场参与主体的行为差异、博弈内容的差异，以及各自正负反馈效应的差异。正因为有不同的国家利益、不同的文化习俗、不同的经济和法律制度、不同的个人意识形态等等，宏观金融的国别性和差异性也自然是一种客观必然性。

从当前中国整个宏观金融态势看，由于受到国际经济和金融周期性影响，中国的经济发展不可避免地步入新常态，这是发展趋势，也是客观规律使然。在整个经济增长态势逐渐趋缓的过程中，始终保持宏观金融体系的稳定性和安全性就显得至关重要。从宏观层面讲，金融的系统性风险乃是我们当前必须特别关注的课题。

基于这样一种认识，舒长江博士选择了系统性金融风险这个切入点——金融脆弱性来着手研究，重点剖析我国宏观金融脆弱性的表现，尝试揭示其内在的逻辑关联和规律性。

当前我国宏观金融领域有一些值得特别关注的现象，影响着整个金融体系的稳定和安全。利率市场化是我们为了减少行政干预、完善资金价格形成机制、增加资金流动性和资源有效配置的重要改革取向和举措。但我们也应看到，利率市场化的推进也往往增加了恶性竞争和加剧资产价格波动的可能性；我国商业银行间接融资体系占据绝对份额的现实也决定了信贷渠道始终是我国整个资金循环链条中最主要环节，信贷顺周期的强力扩张与收缩，更是对整个金融系统的稳定产生益发强烈冲击的加速器。这种潜在的可破坏整个金融体系稳定的势能，我认为就是金融脆弱性的表征，或者说构成我们研究的主要对象。

基于宏观金融的复杂性和不确定性，本书作者巧妙地运用了动态随机一般均衡分析，构建了包括家庭、厂商、金融机构、政府等封闭经济条件下新凯恩斯主义动态随机一般均衡模型（DNK－DSGE），并运用贝叶斯估计方法对模型相关参数进行了估计，最后通过脉冲响应函数模拟分析了我国金融脆弱性所产生的宏观效应。此外，作者还综合运用了诸如多元线性回归模型、门限回归模型、Garch 模型、VAR 模型等多种计量经济学模型，对相关的金融脆弱性问题进行了深入的实证分析，充分体现了作者熟练运用宏观金融分析工具的高超能力。

作为一本探讨我国金融脆弱性的专著，我认为它的特色是相当鲜明的。其一，基于利率市场化考量，首次将银行同业拆借市场纳入分析框架，检测了我国金融脆弱性的宏观效应；其二，以资金循环流动为基点，尝试运用资金循环流量模型来解析资产价格波动，通过构建 FCI 合成指数，探讨资产价格的波动对金融脆弱性的影响机制和传导机理,这在国内同类研究中鲜有所见;其三,基于信贷顺周期理论,并放松"完美银行"和企业同质的隐含假设,引入企业信贷错配和 DNK-DSGE 模型分析,实证检验了传统外部冲击和非传统外部冲击对经济系统所产生的宏观效应及其差异性,大大增强了理论模型的解释力;其四,针对不同外部冲击的最优货币政策选择,论证了宏观审慎监管政策与货币政策之间的协调机制,丰富了我国宏观金融调控与监管的理论。

抱着与广大读者一样的迫切心情,我们期待着本书能早日出版,相信它定能为中国宏观金融理论大厦添砖加瓦。

胡援成　资深教授/博士生导师
江西财经大学金融发展与风险防范研究中心

前　言

由于传统的金融危机理论无法解释当前频繁的金融危机，金融脆弱性理论便应运而生。如何缓解金融脆弱性和防范金融危机是理论界和实务界共同关注的问题。本著基于金融脆弱性相关理论，以当下我国宏观经济现实需求为切入点，研究金融脆弱性的诱发因素、宏观效应和宏观政策监管。探讨资产价格波动对金融脆弱性的诱发机理和传导途径、利率市场化和信贷错配视角下的金融脆弱性的宏观效应及其表现特征，货币当局如何着眼于金融稳定目标来强化宏观审慎政策与货币政策协调搭配，以防范金融风险。

首先，以资产价格波动理论为指导，基于资金循环流动视角，利用2010年4季度—2015年4季度相关指标数据，构建了包含金融市场多项资产价格波动的FCI指数和金融脆弱性代理变量，建立了两者之间多元线性回归模型与VAR模型，并通过脉冲响应函数，得出FCI指数的表达式。研究结果表明：无论是线性回归模型还是VAR模型，房地产价格、人民币有效汇率价格波动是造成金融脆弱性的主要扰动源，其扰动贡献值高达71%。同时进一步通过格兰杰因果关系检验得出FCI指数是金融脆弱性的单项格兰杰原因。

其次，以利率市场化理论为指导，探讨利率市场化对金融脆弱性的影响,重点检验金融脆弱性的宏观效应。利用2005年1季度—2015年1季度数据,基于金融加速器原理检验利率市场化对我国金融脆弱性的冲击。研究结果表明:面对利率冲击,不同类型商业银行脆弱性不仅存在显著差异的宏观效应,并且这种宏观效应还呈现出显著的非线性、非对称性差异特征。相应的政策含义是央行在货币政策尤其是利率政策的制订和实施过程中,应该根据外部融资溢价的状态相机抉择,采取差异化不对等的操作手段,以提高货币政策的精准性、有效性和全面性。

再次,基于我国经济现实,同时放松"完美银行"和企业同质性的完美假设,将商业银行对不同企业的"二元"信贷政策引入DNK—DSGE模型,选取2006年1季度—2015年4季度数据实证考察我国金融脆弱性的宏观效应及其表现特征。研究结果表明:由于我国金融市场的不完美、金融摩擦的存在,金融脆弱性的宏观效应在我国确实存在。同时随着金融市场约束条件的不同,金融脆弱性的宏观效应显著性存在差异。由于放松了"完美银行"假设,银行不再是无资产约束的"完美"个体,外界微小冲击通过银行资产负债表和企业资产负债表双重扩大(收缩)机制,使得宏观效应更加显著。但是又由于我国典型的银行信贷"二元"错配的存在,造成了我国整体经济主体外部融资风险升水的杠杆率弹性被低估,对宏观效应又具有一定的冲抵效应。信贷错配和金融脆弱性特征叠加DNK－DSGE模型下宏观效应面对外部冲击存在显著差异,尤其是货币政策调控效果存在显著差异,信贷错配和金融脆弱性特征叠加DNK－DSGE模型下货币政策对通货膨胀调控效果最好,对总产出调控效果欠佳;信贷错配和金融脆弱性特征叠加的DNK－DSGE模型下,外界对经济冲击的宏观效应具有传递性和持续性,并且这种持续性会延长1—2个季度。

此外,基于宏观效应的金融脆弱性,区分了货币政策目标是否包含金融稳定两种情况。在分析传统货币政策框架不包含金融稳定目标时,借鉴比尔模型,构建了资产价格波动与货币政策反应之间的理论模型。模型表明:央行实施货币政策进行宏观调控采取的最优利率不仅取决于当期的产出与通胀缺口,同时还取决于资产价格变化及其随机扰动项,并选取2009年4季度—2016年3季度数据进行了实证分析。基于上述理论与实证分析,就我国传统货币政策框架选择进行了探讨,并在此基础上提出了货币政策干预资产价格波动的相应策略。在分析新货币政策框架包含金融稳定目标时,通过对安格(Agur)(2009)、安格和迪莫特斯(Ague and Demertzis)(2010)模型框架进行修正与扩展,详细分析金融稳定对中央银行货币政策规则的影响。结果表明:如果中央银行的货币政策规则不考虑金融稳定目标,将导致最优利率出现系统性的低估,造成这种低估的原因或许在于未能长远考虑金融脆弱性所带来的通胀成本和潜在产出损失,造成货币政策决策的狭隘性与滞后性。因此考虑现实的金融脆弱性,现行的货币政策目标应该纳入金融稳定。

最后,利用2006年1季度—2016年1季度数据,通过区分耐心家庭和非耐心家庭,考虑金融脆弱性现实,引入金融加速器机制,构建了封闭经济条件下的DNK-DSGE模型,分别考察了传统外部冲击与非传统外部冲击对经济具有怎样的宏观效应以及央行在面对金融脆弱性的宏观效应时采取何种宏观政策协调搭配。模拟结果表明:当经济面临金融和房地产需求等非传统外部冲击时,在考虑了金融脆弱性特征后,经济冲击的宏观效应响应时间更长,经济中最大冲击出现的时间比未考虑金融脆弱性情况下的冲击延后2—3个季度。这意味着由于考虑了金融脆弱性特征,增强了金融加速器作用,外部冲击的宏观效应更具持续性。同时模拟结果发现,在传统的外部冲击下单一的货币政策能有效防范经济的波动;在非传统的外部冲击下,宏观审慎政策与货币政策的协调搭配能有效防范经济的剧烈波动。

本著主要创新之处：

第一，通过构建FCI合成指数作为市场多种资产价格的代理变量，分析多种资产价格波动对金融脆弱性的联合影响，弥补了传统使用单一资产价格的不足；

第二，基于利率市场化理论，首次将银行同业拆借市场纳入分析框架，检测我国金融脆弱性的宏观效应。并基于我国商业银行不同市场结构，首次对不同类型商业银行的宏观效应是否存在显著差异性进行实证检验；

第三，同时放松了"完美银行"和企业同质的隐含假设，考虑了企业信贷错配下的金融脆弱性的宏观效应，使DNK-DSGE模型更加符合现实经济，增强了理论模型的解释力；

第四，放松"完美银行"隐含假设和考虑金融脆弱性特征假设下构建了DNK-DSGE模型，区分检验传统外部冲击和非传统外部冲击对经济冲击所产生的宏观效应。以及在这种宏观效应下，中央银行如何进行宏观政策协调搭配，以寻求经济在应对不同外部冲击时的最优政策选择。

目录 CONTENTS

一 绪 论 …………………………………………………………… 1
  （一）研究背景与意义 1
  （二）研究内容与研究目标 5
    1. 研究内容 5
    2. 研究目标 8
  （三）概念界定 9
    1. 金融脆弱性 9
    2. 宏观效应 9
    3. 金融资产 10
    4. 金融资产价格波动 10
  （四）研究思路与研究方法 11
    1. 研究思路 11
    2. 研究方法 11
  （五）创新之处与研究不足 13
    1. 创新之处 13
    2. 研究不足 14

二 文献综述 ·· 15

(一)金融脆弱性本质与根源 15
(二)金融脆弱性成因 16
(三)金融脆弱性的宏观效应 19
(四)金融脆弱性与宏观政策 21
  1. 金融脆弱性与货币政策 21
  2. 金融脆弱性与宏观审慎政策 24
(五)文献简评 27

三 金融脆弱性的一般理论 ·· 29

(一)引 言 29
(二)资产价格波动理论 31
(三)利率市场化理论 34
(四)信贷顺周期理论 36

四 资产价格波动与金融脆弱性 ··· 40

(一)引 言 40
(二)基本模型 42
(三)实证研究设计 45
  1. 变量选取与数据说明 45
  2. 计量模型设立 50
(四)实证结果分析 51
  1. 多元回归分析 51
  2. VAR 模型分析 53
(五)研究结论和政策建议 56

五 利率市场化与金融脆弱性的宏观效应 …… 58
- （一）引　言　58
- （二）理论模型　60
- （三）实证研究设计　64
  1. 实证模型与变量说明　64
  2. 样本选取与数据来源　68
- （四）实证结果分析　69
  1. 回归结果分析　69
  2. 模型稳健性检验　73
- （五）研究结论和政策建议　74

六 信贷错配与金融脆弱性的宏观效应 …… 77
- （一）引　言　77
- （二）考虑金融脆弱性的银行与企业最优行为分析　80
  1. 违约概率与银行最优契约安排　81
  2. 违约概率与企业最优投资规模　82
- （三）DSGE 基本模型、数据及指标说明　84
  1. 模型描述　84
  2. 指标解释　86
  3. 数据说明　87
- （四）模型检验与参数估计　88
  1. 参数校准　88
  2. 参数估计　89
  3. 模型检验　91
- （五）模拟结果及分析　93
- （六）研究结论和启示　96

七 基于宏观效应的金融脆弱性与货币政策框架 …………… 99
（一）引 言 99
（二）不考虑金融稳定目标的货币政策框架 100
　1. 货币政策干预资产价格理论模型分析 100
　2. 实证分析 105
　3. 传统货币政策框架扩展 114
　4. 货币政策应对资产价格波动策略 116
（三）考虑金融稳定目标的货币政策框架 117
　1. 纳入金融稳定的货币政策框架理论模型 118
　2. 央行实现金融稳定目标的政策策略 121

八 基于宏观效应的金融脆弱性与宏观政策协调搭配 ………… 124
（一）引 言 124
（二）考虑银行脆弱性的银行与借款者最优行为分析 127
　1. 违约概率与银行最优契约安排 128
　2. 违约概率与企业最优投资规模 129
（三）DNK－DSGE 基本模型、数据及指标说明 131
　1. 模型描述 131
　2. 数据分析 137
　3. 参数设定 138
　4. 模型检验 141
（四）模拟结果及分析 141
（五）研究结论与政策建议 147

九 研究结论与工作展望 …………………………………… 150
（一）研究结论 150

1. 资产价格波动与金融脆弱性研究结论　151
2. 利率市场化与金融脆弱性宏观效应研究结论　151
3. 信贷错配与金融脆弱性宏观效应研究结论　152
4. 基于宏观效应的金融脆弱性与货币政策研究结论　153
5. 基于宏观效应的金融虚弱性与宏观政策协调搭配研究结论　153

(二)工作展望　155

1. 关于跨境资本流动对金融脆弱性的影响　155
2. 关于资产价格波动对不同性质金融脆弱性的影响　155

参考文献 ……………………………………………… 157

一 绪 论

（一） 研究背景与意义

最近二三十年以来，世界不同区域的国家在毫无征兆的情况下，突然出现了金融机构大量倒闭、金融体系剧烈动荡，进而引发金融危机。典型的事例有：20世纪80年代亚洲的日本"楼市经济"泡沫的破灭、20世纪90年代南美洲阿根廷金融危机、2008年的美国的金融危机、2010年的欧洲主权国家债务危机。这些金融危机的发生尽管形式多样、原因多种，但都有一个共同的特征，即危机发生前实体经济运行正常，危机最初发生在相对封闭的金融体系内，然后通过金融系统迅速传导到实体经济，最后全面爆发经济危机。传统的关于金融危机理论多是从外部宏观经济角度来解释和分析，但频繁的金融危机使得这些传统理论越来越不具有适应性和说服力，这就迫使人们不得不放弃传统思维，从金融系统本身来进行研究，金融脆弱性理论便应运而生。金融危机破坏之大、影响之深、波及范围之广，促使人们对金融脆弱性进行持续性、系统性的研究。世界货币基金组织也定期发布"金融稳定报告",对全球的金融脆弱性状况进行持续评估。现有研究表明,金融体系的顺周期性、金融自由化、资产价格巨幅波动是造成金融脆弱性频发的主要原因。如何缓解金融脆弱性和防范金融危机是理论界和实务界共同关注的问题。

近年来国内资产价格剧烈波动引起金融市场持续动荡的现状,也引发了人们对我国金融脆弱性的广泛关注。2014年11月20日到12月8日,短短12个交易日时间,经历漫漫7年熊市的中国股市暴涨20%多,迎来了一场轰轰烈烈的"疯牛"行情。然好景不长,2015年6月15日到7月8日,短短17个交易日,A股从5178点暴跌到3507点,股指暴跌了1671点,出现连续多日的千股跌停的壮观场面(见图1.1)。无独有偶,2015年8月11日中国央行意外让人民币贬值2%,创逾20年来最大跌幅,触及三年新低,第二日人民币续跌,人民币兑美元即期跌至6.44元,创2011年8月以来最低,引发市场波澜(见图1.2)。在楼市,从2015年下半年至今,出现了以深北上广等一线城市领跑进而带动二三线城市房地产"量价"齐升的火爆场面,房市泡沫严重。资产价格的巨幅波动严重扰乱了金融市场的正常运行,导致金融市场持续出现震荡,充分反映了我国金融脆弱性的严重程度。

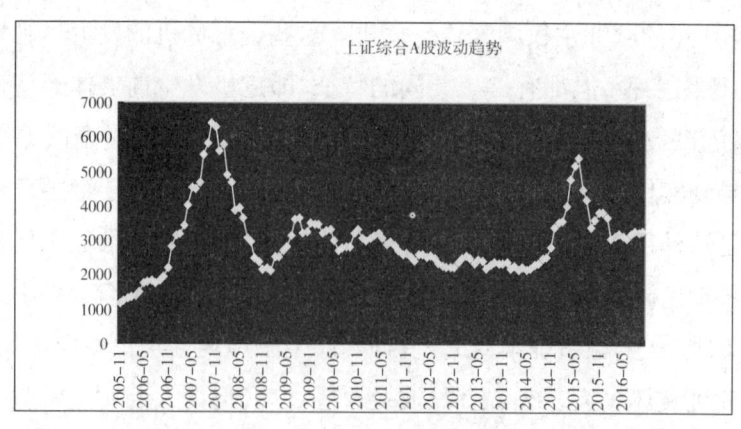

图1.1 上证综合指数波动

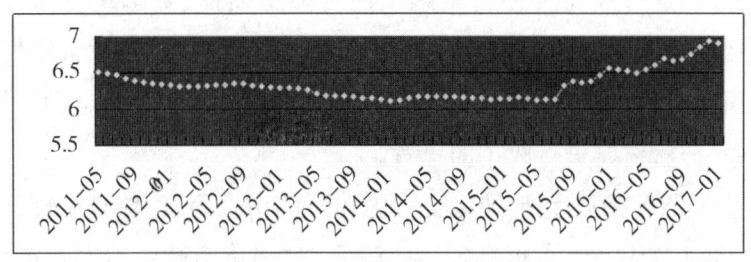

图 1.2 人民币汇率波动

2008年全球金融危机再次证明,以价格稳定为目标的货币政策并不能降低金融脆弱性,越来越多的国家和组织开始反思当前宏观政策的缺陷,更多地从宏观审慎视角来防范金融脆弱性,建立宏观审慎政策框架的重要性日益凸显。最新的研究显示,虽然货币政策对金融市场具有显著且持久的影响,并且可以缓解长期的金融不确定性,但是宏观审慎政策的影响更迅速、显著、持续时间更短。例如利率及时回应房价或者信贷虽然有助于一些宏观经济变量的稳定,但同时也会引起其它宏观经济变量特别是产出和通货膨胀的波动,而贷款收入比率是抑制经济过度波动的最有效工具;在经济周期来源于供给冲击驱动的正常时期,宏观审慎政策对金融市场稳定效果不是特别明显,但当经济周期来源于金融冲击驱动的非正常时期,宏观审慎政策对金融市场稳定效果非常明显。货币政策通常可以对经济进行很好的管理,但在受到金融冲击的情况下,最好的政策组合是,货币政策盯住价格稳定,宏观审慎政策盯住信贷稳定。宏观审慎政策可以有效地补充货币政策的不足,即使在货币政策比较激进的情况下,引入宏观审慎政策依然是福利增进的。

目前我国正处于经济制度转型和完善阶段,一旦发生金融脆弱性,必将会对整个国民经济体系造成致命的冲击。同时现在金融体系下的各种金融市场紧密交织在一起,呈现出高度复杂的网络特征以及联动效应,这种新特征使得金融风险传播更便捷、更迅速、更难以防范。目前我国实行的"分业监管"的金融监管体制,缺乏对系统性、整体性风险有效的认识、评估、协调与应对,促使社会各界对金融市场监管体系、监管体制进行改革的思考。

基于当下现实背景,揭示金融脆弱性的诱发因素、传导机理、传导路径、宏观效应及其表现特征,并就如何加强货币政策与宏观审慎政策协调、提升金融监管手段的有效性、防范系统性风险、维护宏观经济稳定具有重要的理论意义与现实需要。

第一,资产价格频繁和持续波动所引发的金融脆弱性与经济衰退,迫使各国政府和中央银行深入研究资产价格波动对金融脆弱性传导路径、传导机理、传导方式以及货币政策应该如何应对。大量的金融危机警示我们,危机期间,资金密集流入流出引起资产价格上下震荡,进而引发金融脆弱性。因此,研究金融脆弱性与资产价格波动之间的关系,需要从资金流动的源头上进行深入研究,这才是防范金融脆弱性的应有之道。

第二,目前,在我国的金融体系中银行发挥着至关重要的作用,我国是典型的以银行为主导的金融市场国家,由资产价格波动引发的我国金融体系的脆弱性,主要表现为商业银行脆弱性。目前我国商业银行已经发展为大型国有控股商业银行、股份制商业银行、城市商业银行以及农村商业银行等多种类型商业银行并存格局,并且商业银行存款保险制度已于2015年5月1日起正式实施,表明国家不再对商业银行进行信用背书。在此背景下,依据金融脆弱性相关理论研究我国金融脆弱性的表现特征和呈现出来的宏观效应,对于切实保护存款人的合法权益、指导宏观政策差异化操作、防范经济波动具有重要的理论和现实指导意义。

第三,历次金融危机表明,在一个经济周期上升阶段,有一股内在力量促使市场参与主体的风险偏好增加、融资杠杆加大、金融体系变得越来越脆弱。随着金融体系深化发展、市场严密分工,这种内在脆弱性不仅不能有效化解,反而有加重之势。金融风险会在各金融子市场间加速传递和配置,各类金融机构不仅承受主营业务的风险,还要承受跨市场的金融风险,而后者往往不在现有的分业监管的管理框架下,是监管的盲区,也是危机的爆发点。中国人民银行在2016年正式实施金融机构宏观审慎评估体系(MPA),本著以金融市场波动为切入点,重点探讨了考虑金融脆弱性宏观效应的货币政策、宏观审慎政策之间的关系,并将落脚点放在不同宏观政策协调搭配上,切断金融风险的跨市场传播和防止金融体系的顺周期波动,在理论上回应了当前推进金融监管体制改革的呼声。

(二) 研究内容与研究目标

1. 研究内容

本著基于金融脆弱性相关理论,以当下我国宏观经济现实需求为切入点,研究了金融脆弱性的诱发因素、宏观效应和宏观政策监管。重点探讨资产价格波动对金融脆弱性的诱发机理和传导途径并进行了实证分析,同时从利率市场化和信贷错配视角分析了金融脆弱性的宏观效应及其表现特征。在上述分析基础上就货币当局如何着眼于金融稳定目标来强化宏观审慎政策与货币政策协调搭配、防范金融风险提出了政策建议。本著遵循文献综述、理论归纳、计量模型构建、实证分析和对策启示等研究范式。具体研究内容如下：

第一章绪论。本章分别从本著选题背景、研究意义、研究内容、研究目标、概念界定、研究思路、研究方法、创新之处与不足等方面进行了具体阐述。

第二章文献综述。本章分别从金融脆弱性本质与根源、金融脆弱性成因、金融脆弱性的宏观效应、金融脆弱性与宏观政策等四个方面对现有文献进行系统梳理。在归纳总结现有文献基础上，述评现有文献在某些方面的不足，为本著的后续研究提供理论价值参考。

第三章金融脆弱性一般理论。本章根据当前我国金融资产发展状况、金融市场化改革等热点问题为导向，有针对性地归纳总结了金融脆弱性资产价格波动理论、利率市场化理论、信贷周期理论等理论框架，为后续的实证分析提供理论基础。

第四章资产价格波动与金融脆弱性研究。本章首先从实体经济与金融虚拟经济的关系出发，以资金循环流动为纽带，借鉴 Binswanger (1997) 建模思路构建了一个包括居民部门、生产企业部门、金融机构部门、政府部门和国外部门的五部门资金循环流量模型。在资产价格波动理论指导下，尝试运用资金循环流量模型来解释资产价格的波动根源，然后通过构建资产价格联合波动指数 FCI 指数，实证检验资产价格波动是否会诱发金融脆弱性以及传导机理。重点检验 FCI 指数在我国是否具有适应性以及其传导机理。

第五章利率市场化与金融脆弱性宏观效应研究。本章以我国利率市场化改革和我国商业银行结构发生巨大变化为现实依据，重点研究我国利率市场化是否会对我国不同类型的商业银行系统造成较大冲击，进而引发金融脆弱性以及不同类型的商业银行呈现出来的宏观效应是否存在显著差异。

第六章信贷错配与金融脆弱性宏观效应研究。本章基于我国经济现实,同时放松"完美银行"和企业同质性的完美假设,通过对传统 DNK-DSGE 模型的扩展,借鉴阿斯皮克、古德哈特和特莫克斯(Aspachs、Goodchart and Tsomocos)关于金融脆弱性的假设,引入"超常态"信贷错配,构建了新凯恩斯动态随机一般均衡模型,重点探讨信贷错配和金融脆弱性特征叠加的宏观效应是否存在显著性的差异、外部冲击下的宏观效应是否存在显著差异以及具有怎样的传递性和持续性。

第七章基于宏观效应的金融脆弱性与货币政策研究。本章区分了货币政策目标是否包含金融稳定两种情况。在分析传统货币政策框架未纳入金融稳定目标时,借鉴 Ball 模型,首先构建了资产价格波动与货币政策反应之间的理论模型,然后通过我国数据进行了实证分析,在此基础上就传统货币政策框架选择进行了拓展。在分析新货币政策框架纳入金融稳定目标时。通过对安格(Agur)(2009)、安格和迪莫特斯(Ague and Demertzis)(2010)模型框架进行修正与扩展,详细分析金融稳定对中央银行货币政策规则的影响。

第八章基于宏观效应的金融脆弱性与宏观政策协调搭配研究。本章利用 2006 年 1 季度—2016 年 1 季度数据,通过区分耐心家庭和非耐心家庭,考虑金融脆弱性现实,引入金融加速机制,构建了封闭经济条件下的 DNK-DSGE 模型,分别考察了传统外部冲击(生产率冲击、货币政策冲击)与非传统外部冲击(金融冲击、房地产需求冲击)对经济具有怎样的宏观效应以及央行在面对金融脆弱性的宏观效应时采取何种宏观政策搭配(传统的泰勒规则、加强的泰勒规则、宏观审慎政策与传统的泰勒规则、宏观审慎政策与加强的泰勒规则)。

第九章研究结论与工作展望。本章主要是概括本书的研究结论并提出今后的研究方向。

2. 研究目标

本著在现有研究文献的基础上,根据研究内容,通过归纳相关理论框架与实证分析,按照"金融脆弱性诱发因素—金融脆弱性宏观效应—金融脆弱性的宏政策监管"的逻辑顺序,提出并实现以下研究目标:

第一,随着金融市场的日益发展,出现了多种金融资产市场,包括股票市场、房地产市场、外汇市场、货币市场等。这些金融市场相互交织、相互影响,具有"共振效应",并且这些资产的波动呈现双向性。单独用一种金融市场数据来分析其对金融体系的冲击已远远不够,金融条件指数(FCI)作为多种资产价格的代理变量,在我国是否具有适应性?对金融脆弱性具有怎样的作用机制?

第二,依据金融脆弱性利率市场化与信贷顺周期理论,运用静态一般线性回归模型、非线性门限回归模型、GARCH 模型、动态 VAR 模型和 DNK-DSGE 模型,分析金融脆弱性受到冲击时具有怎样的表现特征和宏观效应。

第三,微观审慎政策着眼于单个金融机构的稳定,单个金融机构稳定不能确保整个金融体系的稳定。货币政策着眼于产出和物价的稳定,物价稳定不代表金融稳定,宏观审慎政策就在这两者之间起到了桥梁的作用。宏观审慎政策作为防范金融脆弱性的扩展工具,与货币政策是什么关系?中央银行如何来协调搭配这两个宏观政策?

(三)概念界定

1. 金融脆弱性

关于金融脆弱性的界定,理论上至今还没有给出一个明确的界定。已有的理论大多从金融脆弱性产生的原因来分析,对其具体概念阐述较少。根据明斯基(Minsky)、海曼(Hyman P.)(1995)、黄老金(2001)等文献,可以将金融脆弱性界定为:金融业固有的高负债经营特征使金融业容易受到监管的疏漏、道德风险、经济周期波动、国内外经济环境变化的冲击,进而导致金融危机、债务危机、企业破产、物价飞涨或通货紧缩、失业等的一种状态。现有文献对金融虚弱性的定义有广义和狭义之分。广义的金融脆弱性主要是指一切金融领域中的风险积聚到一定程度,处于危险的一种状态;狭义的金融脆弱性是指高负债经营的金融机构本身具有内在不稳定性导致更容易破产的可能。在商业银行占主导地位的金融体系中,商业银行脆弱性即金融脆弱性。由于我国的金融体系是典型的以商业银行为主导,因此本著研究的金融脆弱性特指商业银行脆弱性。

2. 宏观效应

在特定环境下,由某种随机经济因素或变量对另外一些经济变量冲击而呈现出来具有整体的或全局的因果关系现象。在经济学中,常见的宏观效应包括一些经济因素的冲击所造成的产出波动、物价不稳定、失业率上升、社会福利损失、内外收支失衡等现象。

3. 金融资产

资产是指经济主体所拥有的或者能够控制的以货币来衡量的各种经济资源的总和。资产有各种划分标准,从大类划分一般被划分为非金融资产和金融资产。非金融资产又进一步可以划分为生产资产与非生产资产等。金融资产主要是指金融体系里的一切金融工具或金融合约。这里特别要对房地产资产进行明确说明。在现代经济中,房地产同时具有商品属性与金融资产属性,当房地产用来居住时,主要体现商品属性,当房地产用来投资与投机时,主要体现金融属性,其价格波动与其它金融资产价格波动相同。因此本著在实证分析时将房地产视为金融资产。

4. 金融资产价格波动

金融资产价格波动指金融资产价格偏离由经济基本面所决定的金融资产的内在价值。目前,理论上关于金融资产价格波动的研究主要有两种研究思路:一种思路是指从单个金融资产市场上研究单个金融资产价格如何围绕自身内在价值波动,此类研究被视为个体视角的金融资产价格波动;另一种思路是指对某类金融资产市场上整体金融资产价格水平的波动进行研究,此类研究被视为总体视角的金融资产价格波动。根据研究需要,本著选取后一种研究思路,即从总体视角来研究金融资产价格波动。

（四）研究思路与研究方法

1. 研究思路

本书试图分析资产价格波动与金融脆弱性之间的内在逻辑、传导机理，金融脆弱性受到冲击所呈现出来的宏观效应及其表现特征以及相应的宏观政策应对。在评述现有研究成果的基础上，本著以典型事实为切入点，通过文献梳理—理论归纳—计量模型构建—实证检验—宏观政策建议等研究思路依次展开，最终实现本著的研究目标。具体研究路线图见图1.3。

2. 研究方法

（1）文献梳理与经验分析法：通过对金融脆弱性的本质、形成机理、宏观效应、宏观政策应对等相关文献的系统梳理与总结以及对现代金融危机经典事例的经验分析，为后续的实证分析提供理论基础和研究假设。

（2）计量经济学的分析方法：综合运用多元线性回归模型、门限回归模型、Garch模型、VAR模型，通过协整检验、方差分解分析、格兰杰因果检验、脉冲响应函数等计量分析方法，就资产价格波动对金融脆弱性的影响、利率对金融脆弱性的冲击等进行实证研究。

（3）动态随机一般均衡分析：构建了包括家庭、厂商、金融机构、政府等封闭经济条件下新凯恩斯主义动态随机一般均衡模型(DNK-DSGE),运用贝叶斯估计方法对模型相关参数进行估计,并通过脉冲响应函数模拟分析我国金融脆弱性所产生的宏观效应。

(4)比较分析法:在新凯恩斯主义动态随机一般均衡模型(DNK—DSGE)的分析框架下,比较分析传统冲击与非传统冲击对经济与社会福利的影响程度以及经济冲击具有怎样的宏观效应,从而得出最优货币政策与宏观审慎政策协调搭配。

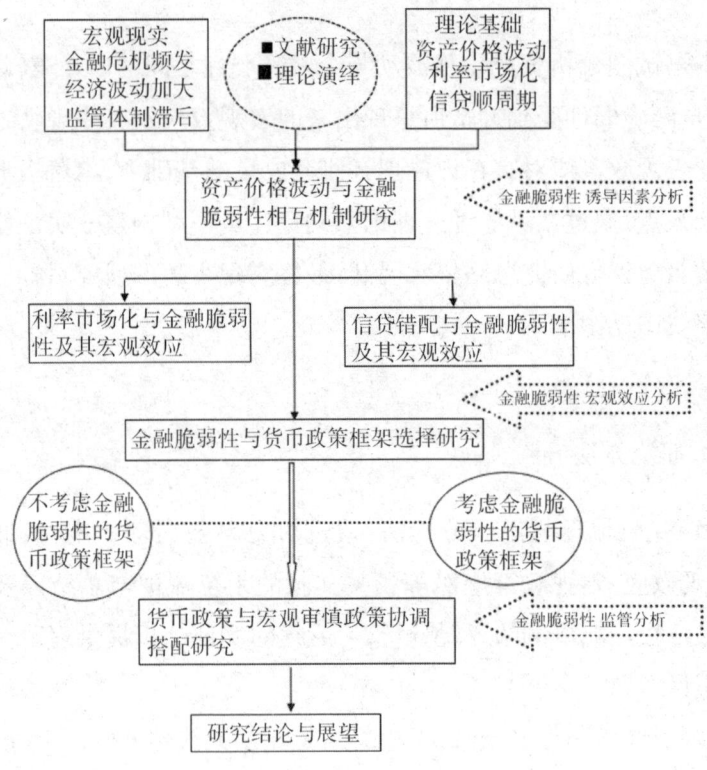

图1.3 技术路线图

(五)创新之处与研究不足

1. 创新之处

第一,通过构建 FCI 合成指数作为市场多种资产价格的代理变量,来探讨资产价格的波动对金融脆弱性的影响机制和传导机理,弥补了现有文献从单一资产价格视角分析对金融脆弱性影响的不足。

第二,本著基于利率市场化理论,首次将银行同业拆借市场纳入分析框架,检测我国金融脆弱性的宏观效应;同时基于我国商业银行不同市场结构,首次对不同类型商业银行的宏观效应是否存在显著差异性进行实证检验。

第三,本著基于信贷顺周期理论,同时放松了"完美银行"和企业同质的隐含假设,考虑了企业信贷错配下的金融脆弱性的宏观效应,实证检验了宏观效应的显著性差异,使得 DNK-DSGE 模型更加符合现实经济,增强了理论模型的解释力。

第四,在放松了"完美银行"隐含假设,考虑了金融脆弱性特征假设下构建了 DNK-DSGE 模型,区分检验传统外部冲击和非传统外部冲击对经济冲击所产生的宏观效应;以及在这种宏观效应下,中央银行如何在传统的泰勒规则、加强的泰勒规则、宏观审慎政策与传统的泰勒规则协调配合、宏观审慎政策与加强的泰勒规则协调配合四种不同政策下进行协调搭配,以寻求经济在应对不同外部冲击时的最优政策选择,论证了宏观审慎监管政策与货币政策之间协调机制。

2. 研究不足

本著研究不足之处主要有以下两个方面：

第一，本著虽然使用了新凯恩斯主义动态随机一般均衡模型（DNK-DSGE），但是该模型是在封闭经济条件进行的，没有考察冲击经济变量的国际因素，如国外汇率、国外通货膨胀等，这与当前我国开放的经济大环境不相符，研究需要进一步深入。

第二，本著在剖析资产价格波动对金融脆弱性诱发机理和传导机制时，虽然构建了资金循环模型，但在实证分析时鉴于时间的紧迫性和数据的可获性，没有采用结构方程计量模型，这会使得分析结果在某些方面欠妥，需要未来进一步研究。

本章小结

本章主要阐述了本著的选题背景、研究意义、研究内容、研究目标、研究思路、研究方法，重点介绍了本著的创新点与研究不足之处，并对金融脆弱性、宏观效应、资产价格波动等相关概念进行了明确界定。

二 文献综述

(一)金融脆弱性本质与根源

金融脆弱性的本质是什么,现有文献大多从货币角度与金融特殊性角度两方面进行论述。胡本(Houben)、凯克和史娜斯(Kakes and Shinasi)(2004)认为,金融的功能来自于货币的功能,金融在对货币功能进行扩展和提升的同时,其脆弱性也随之产生。戴蒙德和迪布维格(Diamond and Dybvig)(1983)认为,商业银行在进行流动性转换的同时,也容易产生非流动性资产应对流动性负债的内在缺陷,容易引发金融风险。戴蒙德和拉詹(Diamond and Rajan)(2000)研究表明,由于储蓄契约的脆弱性,银行时刻暴露于挤兑危险之下,使得银行能够创造流动性。银行自有资本虽然可以降低危机发生的概率,但同时也削弱了银行流动性创造能力。班迪和哈特曼(Bandt and Hartmann)(2000)认为,金融部门的资产负债表结构特性、银行间市场和支付清算系统组成的复杂网络的特性、金融合约包含的信用特性等三个特性使得金融机构比其他部门更脆弱性,更容易陷入系统性危机。胡本、凯克和史娜斯(Houben、Kakes and Shinasi)(2004)指出,在过去的时间里,由于金融系统快速扩展、金融体系内部结构深化、跨产业与跨界并购、金融活动和金融衍生品的创新等因素,使得整个金融体系更加脆弱。

(二)金融脆弱性成因

关于金融脆弱性的成因,不同的学者分别从不同的方面进行了阐述。

(1)金融体系的顺周期性与金融脆弱性。明斯基和克雷格尔(Minsky and Kregel)(1992)从商业循环周期和信贷周期视角对金融脆弱性的形成进行了系统的理论分析。研究表明,企业对资金需求和银行对贷款供给的顺周期行为导致经济基础和金融体系的脆弱。迪莫瑞格 - 凯物和迪简奇(Demirguc-Kunt and Detragiche)(1998a)基于1980—1994年度数据,利用多元 Logit 模型通过对多个发达经济体和发展中国家所发生的银行挤兑危机的研究,发现当一国国内经济环境恶化,特别是经济增长下滑、通货膨胀上升时,银行危机发生概率会普遍提高。克雷格、弗瑞和克劳迪奥(Craig、Furfine and Claudio)(2001)等人基于1979—1999年的相关数据,通过对世界经合组织中一部分发达国家银行危机的实证分析,结果表明,在经济繁荣时期银行贷款供给和利润都会显著增加,并且伴随着资本充足率和损失准备计提等指标的显著下降,在经济衰退时无论是银行贷款供给还是利润都会显著下降,因此得出银行经营具有显著的顺周期特征的结论。银行顺周期经营特征,会误导金融市场主体对风险做出错误的甚至相反的估计和反应。兹奇诺(Zicchino)(2005)通过引入资本约束假设,在拓展沙米和科西马诺(Chami and Cosimano)(2001)银行资本渠道模型基础上,分析了银行资本和银行贷款对宏观经济的影响。研究表明,商业银行在资本充足率的约束下,信贷供给在巴塞尔协议(Basel Ⅱ)准则下具有更明显的顺周期性。

(2)金融自由化与金融脆弱性。卡劳迪斯和亚历杭德罗(Carlosdiaz and Alejandro)(1985)研究指出,金融工具和金融理念的创新以及金融自由化的进一步深化,导致更多的金融危机的发生。迪莫瑞格－凯物和迪简奇(Demirg-Kunt and Detragiache)(1998b)通过实证分析,证明了金融自由化进程的加快和过度金融创新的确增加了金融危机发生的概率。钟伟(1998)通过对亚洲金融危机的剖析,认为内在的脆弱性的国际金融体系、盲目过度加快金融自由化进程以及国家转型与经济转轨时所积累的风险是金融危机爆发的重要原因。杨惠昶、石岩(2009)研究表明,全世界金融危机爆发的根源是美国在全球极力推崇的金融自由化,金融自由化导致世界金融资产数量急剧膨胀,助长了全球金融投机的盛行,越来越多资金流入金融体系,加剧了资金在实体经济与虚拟经济之间的严重失衡。张新平、王展(2009)通过对历次金融危机事件的梳理,认为根据新自由主义理论指导的金融自由化政策才是美国次贷危机爆发的深层原因

(3)信息不对称与金融脆弱性。伯南克和格特勒(Bernanke and Gertler)(1999)认为信息不对称导致的金融市场不完善和不完美会对实际经济带来"小冲击、大周期"的影响。米什金(Mishkin)(1998)认为,信息不对称所产生的逆向选择和道德风险问题是阻碍金融市场功能有效发挥的主要障碍。巴里、柴和舒马赫(Barry、Chai and Schumacher)(2000)认为,信息不对称还会引发搭便车效应、理性模仿、委托

代理、监督失效、快速传染效应等问题。当金融体系面临外界不确定因素冲击时,在信息不对称加剧条件下,金融市场主体难以有效识别市场信息,不能有效发挥金融体系资源配置和风险转移的功能,甚至在某些情况下,微小的外部冲击就可能引发金融危机的发生。

(4)制度不完备与金融脆弱性。胡祖六(1998)认为银行部门在1997年亚洲金融危机的潜伏、爆发与扩散过程中扮演了十分重要角色,政府对银行经营决策的过度干预、政府对银行监管的松弛、政府过度担保而形成的裙带关系等因素使银行非理性扩张,承担了过度风险,为金融体系的脆弱性埋下了隐患。殷孟波(1999)从历史渊源和制度建设等方面分析了中国信用基础脆弱性的原因、危害等,指出信用基础薄弱恶化了信用环境,并导致整个信用领域的混乱,加大了我国金融脆弱性。郑鸣(2003)通过选取资本充足率、不良资产率、市场结构、盈利能力等指标对金融脆弱性进行了实证研究。结果表明,不彻底和滞后的金融化改革是金融脆弱性的诱因,并提出商业银行市场化是缓解我国金融脆弱性的可行路径。潘英丽(2004)从政府规制的视角对我国金融脆弱性的根源及其产生诱因进行了系统的分析。分析表明,我国金融脆弱性来源于国家对金融资金的控制以及在这种体制下对资金融通的不恰当补贴。卡菲索(Cafiso)(2012)研究表明,由于政府预算的软约束导致政府债务过度扩张是影响欧元区国家金融脆弱性与金融稳定的重要因素。

(5)投资者非理性与金融脆弱性。传统金融学假设投资者是理性的,这与现实有很大出入,导致行为金融学理论的产生。行为金融学认为市场主体在不确定环境下的决策往往是有限理性甚至是非理性的。由于受到过度自信、认知偏差、损失规避、框定依赖等信念因素的影响,使得市场主体在不确定环境下无法对资产价格做出无偏估计来实现效用最大化。市场主体在投资过程中,容易产生从众跟风和羊群效应,很容易造成资产价格单边运行,市场价格逐渐偏离其内在价值。此外,投资者的非理性行为很容易滋生市场恐慌情绪。一旦这种情绪迅速蔓延在短时间内就会造成大量金融机构的倒闭,典型的如存款人的非理性"挤兑"就容易使银行发生"流动性恐慌"而倒闭。席勒(Shiller)(2008)运用市场"非理性繁荣"理论,从历史角度考察了美国股票市场和其他市场资产价格投机性泡沫事件,得出房地产泡沫风险的积聚导致金融危机频繁爆发的结论。克鲁格曼(2009)通过对美国历次金融危机的实证分析,认为部分归因于人们的"非理性亢奋"。

(三)金融脆弱性的宏观效应

伯南克、格特勒和克里斯特(Bernanke、Gertler and Gilchrist)(1996、1999)提出了金融加速器概念①后,现有文献关于金融脆弱性的宏观效应分析基本都在此框架下进行。巴里、柴和舒马赫(Barry、Chai and Schumacher)(2000)认为信息不对称会引发搭便车效应、理性模仿、委托代理、监督失效、快速传染效应等问题。当金融体系面临外界不确定因素冲击时,在信息不对称加剧条件下,金融市场主体难以有效识别市场信息,不能有效发挥金融体系资源配置和风险转移的功能,甚至在某些情况下,微小的外部冲击就可能引发金融危机的发生。阿吉亚尔和德鲁蒙德(Aguiar and Drumond)(2009)、刘和塞伊索(Liu and Seeiso)(2012)从银行资本约束以及投资者流动性溢价的角

---

① "金融加速器"是指信贷市场金融摩擦的存在(信息不对称、代理成本),资本品相对价格产生变化所产生的静态与动态乘数,具有冲击放大和加速效应,通过信贷市场将最初外界微小的冲击放大的机制。

度研究货币政策冲击所引起的金融加速器效应。研究发现,银行资本约束越强,金融加速器效应越大;此外基于 DSGE 模型的实证分析证明了货币政策冲击在银行部门存在金融加速器效应,并且巴塞尔协议 Ⅱ 下的金融加速器效应大于巴塞尔协议 I。克维莱克(Koriinek)(2009)创建了一个包含外部性特征的资产定价模型,在此模型框架下分析了外生强负向冲击下的金融加速效应。模拟结果表明,资产价格波动是金融脆弱性的诱发因素,在金融加速器效应下放大了宏观经济的波动。罗杰和奥里维罗(Roger and Olivero)(2010)基于美国 1984—2005 年的季度数据并采用 VAR 模型研究外部冲击在美国银行业是否存在金融加速器效应,研究结果支持外部冲击存在金融加速器效应。格特勒和约塔基(Gertler and Kiyotaki)(2011)通过构建一个 DSGE 模型用来分析银行等金融中介受到外部冲击时如何引发金融加速器的产生,并在金融加速器的效应下如何导致经济波动和经济危机。刘和塞伊索(Liu and Seeiso)(2012)在传统的 BGG 模型中增加了银行部门,着重研究银行部门受到资本约束时对经济周期的冲击。研究结果表明,由于受到家庭部门的流动性溢价影响,银行部门的外部融资溢价会上升,银行部门具有金融加速器效应,外界冲击经由银行部门会加大经济周期的波动。在国内,文凤华、张阿兰、戴志锋等(2012)通过建立 SVAR 模型来分析房地产价格对金融脆弱性的冲击。研究结果表明,房地产价格在短期对金融脆弱性具有负向冲击,随着时间的推移逐步由负转正。同时房地产价格对宏观经济的影响,在短期内具有积极影响,但是随着金融脆弱性的加剧,宏观经济的波动也加大。余雪飞(2013)构建了包含银行部门的 DSGE 模型并基于我国 2000—2011 年季度数据,从信贷供给角度分析了的金融加速器效应。脉冲响应函数显示,银行资本约束的存在增大了金融加速器效应,导致各项外部冲击对经济波动表现出较强的顺周期性影响。张良贵、孙久立、王立勇(2014)基于 DNK-DSGE 模型运用 1999—2010 年我国数据,分析了银行部门金融加速器作用机制,脉冲响应函数显示模型中由于加入了银行部门显著增强了金融加速器效应。胡援成、舒长江(2015)利用 2005 年 1 季度—2016 年 1 季度数据,基于金融加速器原理检验了利率冲击对我国金融脆弱性的影响。研究结果表明,面对利率冲击,基于脆弱性的不同类型商业银行不仅存在差异显著的金融加速器效应,并且还呈现出显著的非线性、非对称性差异特征。

(四)金融脆弱性与宏观政策

1. 金融脆弱性与货币政策

长期以来,西方主要国家央行一直奉行通货膨胀目标制,保持稳定物价和促进经济增长作为唯一的政策目标。在这样的政策框架下,关于金融脆弱性与货币政策争论的焦点在于资产价格是否纳入货币政策目标。

以伯南克和格特勒(Bernanke and Gertler)(1999,2001)等为代表的学者认为,由于资产价格中已经包含了预测通货膨胀的因素,货币政策就不应该将资产价格作为盯住的目标,货币政策作为"清理残局"的工具,对资产价格的膨胀应该采取"善意忽略"的策略。格林斯潘(Greenspan)(1999)认为央行的能力是有限度的,相比于市场经济主体央行没有信息比较优势,央行不能够全面了解市场情况,在这种情况下央行关注资产价格波动,很容易导致错误的货币政策。比恩

(Bean)(2004)认为央行具有认识有限、决策时滞等约束,建议央行不要采取主动措施干预资产价格泡沫,而是等泡沫破灭后事后补救。布林德和里斯(Blinder and Reis)(2005)认为由于货币当局不是市场的参与者,当货币当局不能够正确地判断市场是否是健康的时候,最好的策略是不要进行干涉。米什金(Mishkin)(2007)认为货币政策盯住资产价格波动必须同时具备三个前提:一是中央银行要能够准确区分出资产价格波动中哪些是合理的成分,哪些是属于泡沫的成分;二是货币政策刺破泡沫的同时不能影响其它宏观经济变量;三是在资产泡沫破灭后央行采取的任何行动都是无效的。由于上述三个前提在现实中不能成立,因此他认为,货币政策不应该关注资产价格波动。马尔基(B. G. Malkiel)(2010)认为市场经济的内在缺陷导致资产价格泡沫的发生,由于市场信息不对称,任何试图戳破泡沫的行为都是冒险的且极易造成经济的更大波动,所以货币当局应该忽略资产价格泡沫。在国内,瞿强(2001)通过对我国股票市场的实际波动与货币政策之间关系分析,得出我国的货币政策应该是关注而不是盯住资产价格波动的结论。郭田勇(2006)通过理论分析揭示了资产价格波动与宏观经济的关系机理,并实证检验了资产价格波动确实对金融稳定具有很强冲击,但鉴于货币政策调控资产价格波动存在较大的难度,因此建议货币政策需要密切关注而不是盯住。伍戈(2007)研究发现,由于我国资本市场处于快速发展与转型阶段,资产价格的合理水平更是难以测度,建议我国货币政策操作不应盯住资产价格,资产价格变化不宜纳入货币政策目标考量范围。卢宝梅(2008)认为通货膨胀目标制是货币政策实施的一个有效规则,在各国实践中取得了良好效果,因此建议面对资产价格膨胀货币政策应不予关注。周晖、王擎(2009)、杨柳、冯康颖(2013)分别运用相关模型,通过实证数据来研究资产价格对经济增长波动性的影响。研究发现,货币政策没有必要直接盯住资产价格。刘金全、刘达禹、张达平(2015)构建了同时包含市场异质交易者和资产价格的新凯恩斯主义模型,通过数值模拟发现,相比资产价格错位仓促采取的临时措施,事后采取的货币政策同时兼备稳定经济系统和稳定理性预期均衡的作用。

古德哈特(Goodhart)(1995)认为资产价格本身已经向市场传达了关于商品和劳务未来价值的一切信息,中央银行理所当然应该将资产价格囊括在货币政策调控的广义价格目标当中。切凯蒂、延贝里和利普斯基等(Cecchetti, S. G、H. Genberg and J. Lipsky et al.)(2000)基于美国数据,详细探讨了资产价格与货币政策相关性。研究建议美联储应该将资产价格作为一个重要影响因素纳入货币政策反应函数。博里奥和洛(Borio and Lowe)(2002)、尼克拉斯和阿布基斯(Nicholas and Apergis)(2003)、迪蒙瑞和马库斯(Demary and Markus)(2009)等为代表的学者认为,应当扩大物价稳定的含义,通过构建 DEPI 指数的方式将股票、房地产等资产价格纳入货币政策物价稳定的最终目标中,货币政策应该对资产价格做出反应。他们认为资产价格隐含了未来通货膨胀等一系列信息,这些隐含的信息会带来金融体系的不稳定,央行可通过对隐含信息的判断,反向操作货币政策实现货币政策最终目标。塞姆莱尔和张(Semmler and Zhang)(2007)通过实证研究,得出股价会影响实际产出水平的结论,并根据相关结论借助跨期模型归纳出最优货币政策规则。吕江林(2005)通过实证研究发现,上证综合指数与实际产出存在显著的双重协整和单项格兰杰因果关系,建议我国货币政策应该事前对资产价格做出预案。杨伟、谢海玉(2009)在系统总结资产价格波动与货币政策的各种观点以及现实央行的具体操作的基础上,论证了货币政策目标应当包含资产价格波动的合理性、可行性。邢天才、田蕊(2010)基于 VAR 模型,实证分析了房地产价格、股票价格对产出、通货膨胀等宏观经济变量之间具有稳定的长期关系。因此认为央行应该关注资产价格波动,以便更好地完善我国货币政策框架。陈继勇、袁威、肖卫国(2013)通过研究,揭示了资产价格波动隐含的信息,认为在必要的时候货币政策应该相机抉择干预资产价格,在条件完备时可以盯住房地产价格。黄宪、王书朦(2013)研究表明,资产价格波动对数量型货币政策工具具有较强的反向冲击,尤其是对房地产价格波动的负向冲击更加明显,我国货币政策应该关注资产价格尤其是房地产价格波动。邓创(2015)研究发现,货币政策对通货膨胀的逆向调控效果在很大程度上受资产价格波动的影响,因此密切关注资产价格波动的货币政策有助于提高货币政策宏观调控效果,而且可以兼顾宏观经济和金融市场的稳定。张旭、彭劼、赵昌川(2016)构建了一个包含滞后期的非限制性的 VAR 模型,实证检验了货币政策与资产价格之间的关系,结果表明货币供应量导致我国房地产价格泡沫的形成。

2. 金融脆弱性与宏观审慎政策

目前,理论上关于金融脆弱性与宏观审慎监管的研究,主要从三个方面展开。一是宏观审慎政策监管目的。如迪瑞曼(Drehmann)(2009)主张监管部门通过关注通货膨胀率、GDP 增长率等宏观经济指标和金融机构不良贷款率、资本充足率、存贷比率等微观经济指标来衡量金融体系抵御风险的能力,进而采取宏观审慎政策来维护金融稳定目标。布伦纳迈尔(Brunnermeier)(2009)认为宏观审慎监管的主要目的在于防范金融体系的顺周期性,进而实现金融稳定。佩罗蒂和苏亚雷斯(Perotti and Suarez)(2009a)认为宏观审慎监管的目的可以有效阻断因部分银行的盲目冲动引致的错误决策,对整体金融系统带来系统风险和负面外部性。朗道(Landau)(2009)认为宏观审慎监管相关工具,包括净稳定资产比率、动态资本比率等可以有效弥补传统监管的不足,防止金融体系泡沫的产生。汉森(Hanson)(2010)认为宏观审慎监管通过重点关注金融机构之间的共同风险暴露,一旦单个金融机构发生损失,可以迅速将损失内部化,有效降低道德风险并将风险控制在局部,避免系统性风险的发生。二是宏观审慎政策框架下的监管工具选择。如博里奥(Borio)(2008)认为系统性和顺周期风险受到不同因素的影响,具有时间上的连续性和空间上的传递性,因此宏观审慎监管的工具选择需要从时间和横截面两个维度来划分。佩罗蒂和苏亚雷斯(Perotti and Suarez)(2010)、汉森(Hanson)(2010)将宏观审慎监管的工具划分为数量型和价格型,如流动性覆盖比率、动态拨备、资本留存缓冲等,并进一步将数量型工具细分为相对比率和绝对数量工具。三是宏观审慎监管政策与其他宏观政策的协调。如克罗基特(Crockett)(2000)认为现有的微观审慎监管方式不能有效防范金融脆弱性,提出了宏观审慎监管的重要意义,并从微观和宏观协调配合的视角来强化金融监管,实现金融稳定。怀特(White)(2008)通过对不同国家实施宏观审慎监管政策的有效性进行全面系统的分析,认为单一的宏观审慎政策有效性存在不足,首次指出不同宏观政策搭配的主张,并特别强调了宏观审慎政策与货币政策、财政政策的配合可以弥补单一政策的不足。在国内,目前关于宏观审慎政策框架下的金融监管的研究还处于起步阶段。李妍(2009)认为金融体系的顺周期性、金融主体的同质性、金融过度创新、金融市场不透明导致系统性风险具有以往风险不具有的新特征,凸显了实施宏观审慎政策的必要性,并论述了央行在实施宏观审慎政策框架下的优势和主导作用。巴曙松(2009)以影子银行风险为例,指出我国的金融风险不仅具有一般性风险的特征,同时还具有转轨经济风险特征,在此基础上从时间与空间两个维度研究系统性风险的发展轨迹与传播机制,据此初步构思了宏观审慎监管框架。李文泓(2009)对国际金融监管趋势进行了分析,强调宏观审慎政策的主要任务就是防范金融体系的顺周期性,并详细分析了二者之间的机理,在此基础上了提出了逆周期政策工具。梅良勇、刘勇(2010)通过对2008年美国金融危机暴露出的金融监管不足的分析,比较总结了美国、欧盟、英国等国家推出的金融监管方案,归纳了后危机时代国际金融监管的新趋势,并分析了其对中国大型商业银行的影响。张亦春、胡晓(2010)基于奥地利学派理论观点,分析了历次金融危机爆发中主流货币政策所起的作用,从宏观审慎视角提出了"强化的灵活通胀目标制"最优货币政策框架。周小川(2011)从动力学、系统论的视角探讨了宏观审慎政策发生背景、形成原因、内在逻辑和基本要求,全面系统完整地阐述了宏观审慎政策框架体系。张敏锋和、李拉亚(2013)通过对2011年以来国际经济学界关于宏观审慎政策有效性研究成果的分析,阐述了现有宏观审慎政策的目标、组织安排、工具设计、成本收益和国际合作等问题的有效性,在此基础上揭示了当前宏观审慎政策有效性的缺陷,并提出了含有金融加速器的DSGE模型是未来研究的有力工具。王晓、李佳(2013)以文献综述的方式系统梳理了宏观审慎监管的提出背景、宏观审慎监管与货币政策二者协调配合的必要性、方式、职能,并从维护金融稳定目标的视角,阐述了二者之间的功效差别。陈雨露、马勇(2013)构造了一个包含内生性金融体系的DSGE模型来系统考察货币政策、金融监管政策和信贷政策之间的协调搭配问题。模拟结果表明,宏观审慎更加适合简单清晰的规则,基于宏观审慎视角的政策搭配组合有利于稳定经济金融系统、有利于降低单一政策面临的多目标约束和政策负担。但模拟结果也提醒在进行政策协调搭配过程中需要重视"政策叠加"和"政策冲突"的问题。张雪兰、何德旭(2014)通过文献综述的形式,比较系统地对近年来有关逆周期宏观审慎监管工具的有效性进行了评述,分别从逆周期资本缓冲、杠杆率、动态拨备、流动性缓冲等监管工具的内在作用机理及其有效性进行了阐述。王爱俭、王璟怡(2014)构建了一个包含家庭、生产性企业、房地产部门、商业银行以及政府部门的 DSGE 模型来分析宏观审慎政策与货币政策之间的关系。模拟结果表明,宏观审慎政策逆周期资本工具有助于稳定金融波动,同时也是福利增进的。在市场受到金融冲击的时候,宏观审慎政策能够效果明显地辅助货币政策起作用,因而建议货币当局在宏观调控与管理过程中,需要协同发挥宏观审慎政策与货币政策效应。綦相(2015)基于 G20 领导人峰会后国际金融监管改革的变化,认为需要从监管制度设计、对内加强金融监管政策的协调配合、对外加强跨境监管协调、充分发挥好市场约束和信息披露等方面来有效提升监管水平。陈守东、张丁育(2016)基于 2005 年 1 季度—2015 年 1 季度数据,借助 LT-TVP-VAR 模型分比较分析了逆周期监管资本工具实施先后对金融稳定的影响。研究表明,在实施逆周期监管资本工具前,金融系统具有不稳定特征,在实施逆周期监管资本工具后,金融不稳定消极因素减弱,证明逆周期资本监管机制有助于保持金融稳定。史炜,瞿六、侯振博(2017)通过对英国金融监管体系、监管框架、监管组织、监管目标的考察,指出了当下我国分业金融监管的不足,并提出了设立超部门专职金融监管协调机构的设想。

(五)文献简评

上述研究文献无论是理论研究或是实证分析都为本著的后续开展奠定了良好的研究基础,搭建了一个相对完整的逻辑分析框架,尤其是现有文献高度关注了金融扩张对金融脆弱性的影响,切实回应了当前现实诉求。与此同时,现有文献忽视了或者遗漏了以下几个问题尚未解决。

第一,现有文献在分析资产价格波动与金融脆弱性的关系时基本都是从银行信贷渠道来展开,主要思路是通过银行信贷扩张或收缩来影响企业和银行的资产负债表以及抵押品价值来分析其中的机理,但资产价格波动的扰动源是什么一直没有得到理论关注。同时现有研究大多基于单一市场分析,对多市场下的不同资产价格联合波动与金融脆弱性作用机理、传导机制、影响要素等缺少系统研究。

第二,当前宏观经济形势严峻,金融风险不断累积积聚,金融脆弱性程度加大,现有文献关于金融脆弱性的分析基本都是从微观视角分析其本质与根源以及形成原因,缺乏相关宏观效应及其表现特征的分析,这在理论上需要进一步从宏观视角深入研究。

第三,目前关于宏观审慎政策框架和金融市场稳定的论证,大多数是基于 DSGE 分析框架,这是目前宏观经济领域研究的主流工具,比较接近客观经济现实。但是根据现有理论建立的 DSGE 模型,大多假设金融部门是不存在资本约束,即假设金融部门不存在金融脆弱性,使得研究结论与现实会有出入,因此理论上需要对现有 DSGE 模型的假设进行放松,使得研究结论更加严谨。

本章小结

本章根据研究框架和研究目标,按照逻辑顺序,先后就金融脆弱性本质与根源、金融脆弱性成因、金融脆弱性的宏观效应、金融脆弱性与宏观政策等四个方面对国内外相关文献进行系统性梳理,在此基础上指出相关研究存在不足和改进之处。

三　金融脆弱性的一般理论

（一）引　言

　　改革开放三十多年来，我国的金融市场建设取得了令人瞩目的成绩，已经形成了以商业银行为主导、广覆盖、多层次、可持续发展的普惠金融体系。金融市场化的广度与深度不断提升，金融产品日益丰富，市场流动性不断充足，日益成为支持国民经济发展的重要力量。在金融资产总量方面，2010年末为104万亿，截至2015年末迅速增加到230万亿，年均增长率为17.7%，远超GDP年均增长率；在社会融资方面，2005年末仅为3万亿，截至2016年末已经高达17.8万亿。在金融资产总量迅猛发展的同时，以股票、房地产、汇率等为典型代表的金融资产价格也出现大幅波动的特征。在股市，以上证综合指数为代表的股指上下巨幅震荡已成常态，尤其是2015年的股灾至今让人心有余悸。在房市，房地产价格持续高烧不退，房地产泡沫日益严重，尤其是2016年中国房地产价格的逆势上涨，加大了人们对房地产价格崩溃的担忧。在汇市,最近几年人民币汇率震荡也比较严重,2015年8月11日人民币汇改以来,人民币汇率整体呈下跌趋势,尤其是2016年6月26日,人民币对美元汇率中间报价大幅贬值599点,创汇改以来最大日跌幅。资产价格的大幅波动是否会诱发金融脆弱性?进一步的资产价格波动如何诱发金融脆弱性?资产价格波动与金融脆弱性之间是否存在正反馈传导机制?党的十八大三中全会明确了加快我国金融市场化改革的部署,金融市场化改革的首要之义在于利率市场化改革。我国于20世纪90年代开启了利率市场化改革的序幕,经过多年的推进,目前我国利率市场化改革已经取得了实质性的进展,利率市场化已经完全放开。那么利率市场化之后,会对我国金融体系,尤其是商业银行体系带来哪些冲击?这些冲击是否会诱发金融脆弱性以及这些冲击具有怎样的宏观效应?与此同时,当前我国金融领域还存在一种奇怪的现象,即我国在流动性过剩的情况,民营企业仍然面临"融资难""融资贵"的问题。究其原因,商业银行实行"二元"的信贷政策是造成上述问题的一个重要因素。商业银行的"二元"信贷政策会导致信贷资金容易流向效率低下的企业甚至僵尸企业。银行信贷是否会引发金融金脆弱性,尤其是我国这种"二元"信贷政策会对我国金融体系带来哪些危害?

因此,为了有效防范金融脆弱性,需要了解金融脆弱性的诱导机制,即金融脆弱性如何不断积累并引发金融危机。本章根据上述宏观诉求,归纳金融脆弱性的诱导理论作为本著的理论框架,为后续的实证研究提供理论支撑。

（二）资产价格波动理论

现有资产价格波动理论，主要从两方面进行了阐述：一是资产价格波动是否会诱发金融脆弱性？二是资产价格波动如何诱发金融脆弱性。

关于资产价格波动是否会诱发金融脆弱性，马歇尔（1998）通过建立 Probit 概率模型，实证分析股票价格与未来经济危机之间的关系。研究表明，股票价格的波动大大提高了经济危机发生的概率。丹尼尔松和热克阿德（2008）建立了多资产定价均衡模型，引入异质投资者的假设来研究信息不对称条件下杠杆率与银行风险之间的关系。研究表明，杠杆率过度加大与搭便车行为是金融系统性风险产生的原因，进而说明金融脆弱性的重要诱发因素来自资产价格波动。在实证层面，威尔逊（2002）利用事件分析法，归纳总结了美国历史上具有重大历史影响的四次金融危机爆发的本质。研究发现，历次金融危机的爆发都与当时股票价格暴跌具有惊人的一致性。卡明斯基和莱因哈特（Kaminsky and Reinhart）（1999）利用历史事件法和比较法，通过对 1997 年亚洲金融危机和 1994 年墨西哥金融危机的比照分析，揭示了货币危机与银行危机之间的相互关系。研究表明，银行危机与货币危机之间存在紧密的时间顺序关系，银行危机往往是货币危机发生的前奏，货币危机会进一步加剧银行危机，而资产价格的暴跌多半是银行危机发生的重要前兆。上述理论与实证充分证明，资产价格波动会诱发金融脆弱性，关注金融脆弱性必须提前关注资产价格的波动。

资产价格波动诱发金融脆弱性的传导机制是什么？艾伦和盖尔

(Allen and Gale)(2000)建立了 AG 模型,该模型重点分析资产价格波动如何通过银行的信贷渠道引发银行的脆弱性。模型假设,存款人一般对银行贷款需求在短期是缺乏弹性的,当受到外界流动性一个微小冲击时,会引发资产价格的大幅波动,导致银行资产迅速贬值,进而容易引发脆弱性。陈楠和况(Cheng Nan-kuang)(2002)建立了一个动态一般均衡模型,分析资产价格、银行部门和总体经济活动之间互动关系。模型分析认为,银行贷款供给和对外投资由于受到资本充足率和抵押物净值的严格限制,会导致信贷约束与资产价格的互动强化负面的生产率冲击的强度与时间。博里奥和洛(Borio and Lowe)(2002)利用资产价格缺口、投资缺口和信用缺口等指标来编制综合指标。实证分析发现,快速的资产价格上涨、高速的投资上涨和快速的信用扩张,共同提高了金融脆弱性发生的可能。斯恩(Shin)(2006)通过资本金变动的影响来分析房地产价格波动与金融脆弱性之间的关系。为简化假设,假定经济系统中只有房地产一种资产,当受到一个意外冲击导致房地产价格下跌时,以房地产作为唯一资产的企业价值就会减少,企业价值减少使得其在银行抵押物价值减少,进而降低企业的融资能力。企业融资困难被迫减少投资,降低其盈利能力,从而影响整个经济体系的稳定性。戈茨(Goetz)(2009)通过建立世代交替的宏观理论模型,论证银行机构与资产价格之间的双向互动机理。模型结果表明,银行危机与资产价格下跌之间存在一个间接的、非线性的、相互反馈的关系。阿涅洛和舒克内希特(Agnello and Schuknecht)(2011)采用 1980—2007 年期间 18 个工业化国家的数据,利用多值选择模型,研究分析影响房地产价格泡沫生成与破灭的决定性因素。结果显示,利率水平与国内信贷的变化对房地产价格泡沫生成具有显著性影响。阿瑟诺、克莱顿和彭(Arsenault、Clayton and Peng)(2013)利用美国 1991—2011 年的季度数据,实证研究房地产价格与抵押贷款供给之间的关系。研究表明,二者之间存在较强的正反馈循环机制,正是这种正反馈机制驱动了房地产价格的长周期波动。在国内,段军山(2007)研究发现,资产价格波动分别通过"融资约束"、企业资产净值、商业银行信贷可获得性等因素来影响消费和投资,进而引发银行系统的不稳定。桂荷发、邹朋飞、严武(2008)运用1996年1季度—2006年4季度的数据,运用五变量的VAR模型对银行信贷与股票价格之间的动态关系进行实证分析。研究表明,股票价格的上涨会导致银行信贷的扩张,但银行信贷扩张不一定会导致股票价格上涨。郑庆寰(2009)研究表明,房地产价格持续走高容易引起金融机构放松融资条件和加大杠杆融资,银行的信贷扩张又会进一步助长房地产价格泡沫,房地产价格与金融脆弱性之间存在明显的正反馈机制。张睿锋(2009)在传统的信贷扩张资产价格泡沫模型基础上引入杠杆比率,分析了杠杆比率与银行信贷风险、资产价格泡沫的关系。分析表明,高杠杆率会使银行获得超额的信贷收益,但同时也会导致资产泡沫的形成以及投资者违约概率的上升。王晓明(2010)基于我国1998年1月—2009年6月的月度数据实证分析银行信贷和资产价格的顺周期关系,并将企业外部融资额外成本作为银行信贷与资产价格之间的枢纽来研究二者之间微观作用机理和互动强化机制。研究表明,资产价格大幅度上涨和下跌的主要原因在于银行信贷资金过度介入股票市场和房地产市场,相对应的政策措施是反周期信贷政策框架建设。马亚明、赵慧(2012)利用SVAR模型,基于国内2003年1月—2011年12月月度数据,从热钱流动视角研究了资产价格波动的本质,在此基础上进一步分析了热钱流动对金融脆弱性的影响机理。研究发现,热钱流动通过影响我国外汇占款,降低了我国货币政策的独立性,增强了金融脆弱性。张玉(2014)依据债务紧缩理论和金融脆弱性理论,揭示了资产价格波动与金融不稳定之间存在相互强化的作用机制。胡援成、舒长江、张良成(2016)、舒长江、胡援成、樊嫱(2017)等实证研究发现,资产价格波动是金融脆弱性的单项格兰杰因果原因。

(三)利率市场化理论

利率市场化,是指央行解除对金融机构的利率限制,让市场供求状况决定利率水平。一直以来,利率市场化被当作金融市场化改革的首要之义。利率市场化赋予了商业银行自主的利率定价权,有利于增强商业银行的市场竞争力。利率市场化后,商业银行可以通过利差来有效识别风险不同的贷款人,实现收益与风险的匹配。利率市场化还促使贷款租金公开化,有利于改进银行效率。但与此同时,利率市场化也会加大银行利率风险。

利率市场化初期,由于央行取消了信贷控制,金融机构的资金供给自主权扩大,加上央行取消了各商业银行的超额准备金,银行资金存量大量增加,各金融机构为了抢占市场份额,不可避免地出现信贷冲动。另外,在利率市场化初期,原有的各种宏观经济变量之间的均衡关系会被打破,会增加央行评估利率风险的难度,加剧了央行宏观调控的复杂性,进而不能对金融波动进行有效的预先防范,加剧了银行的脆弱性。卡库西塔(Khakthata)(1980)研究指出,在一些收入不高的发展中国家,资金往往是供不应求,在这种情况下突然取消利率管制实行利率自由化,必然会使得利率飙升,使资金的使用成本远远高于资金的投资效益,从而会抑制投资和消费需求进而侵蚀银行部门的基础利润。斯蒂格勒和威尔斯(Stiglitz and Weiss)(1981)指出,利率市场化后,实际利率的上升将使得原本风险偏好的借款人转化为风险中性或厌恶的存款人,这种逆向选择效应,会降低银行的收益。斯普拉格(Sprague)(1986)通过对20世纪80年代以前银行经营失败的研究发现,利率自由化后会增加银行资产定价的难度,一旦预测失败会增加经营风险。贝克尔曼(Beckerman)(1988)认为,利率管制条件下的实际利率有可能为负值,若放松利率管制,市场竞争条件下的均衡利率会变成正值,容易出现"向上的金融压制",引发金融脆弱性。卡特(Carter)(1989)根据明斯基将企业划分为"抵补性企业、投机性企业和庞兹企业"的金融脆弱性理论分析认为,在利率平稳的情形下,这三类企业都能正常偿还银行的信贷,一旦利率发生变化出现上升,后两类企业会面临资金短缺困境导致现金流断裂,进而会引发企业破产无法偿还银行的信贷,导致银行不良资产的生成。伯克特和杜特(Burkett and Dutt)(1991)指出,利率的上升会使得存款边际倾向远远高于贷款的边际倾向,从而加重银行的整体风险。麦金农(Mckinnon)(1993)认为利率自由化后,激烈的市场竞争会缩小银行传统的存贷利差收入,增大银行的盈利压力。卡普里奥和萨默斯(Caprio and Summers)(1993)、赫尔曼、默多克和斯蒂格利茨(Hellman、Murdock and Stiglititz)(1994)认为利率市场化后,不断加大的市场竞争会降低银行利润水平,迫使银行放弃审慎经营原则从事高风险领域的投资,加大了破产的可能。赫尔曼、默多克和斯蒂格利茨(Hellman、Murdock and Stiglitz)(1994)认为银行特许价值的大小取决于利率上限管制和进入壁垒门槛的限制,如果取消利率上限,银行的价值就会降低,为了追逐更高的收益,银行风险管理行为会扭曲,银行脆弱性加大。在国内,黄金老(2001)最早对利率市场化与金融脆弱性进行了研究。他认为,利率管制突然放松会加速利率上升以及利率规则的波动性,从而加剧银行的脆弱性。雒雅梅、王丽娅(2005)研究表明,利率市场化后导致利率水平的急剧上升,不利于企业的投资从而侵蚀银行的基础利润。同时利率市场化后,传统的利率水平规则发生变动,产生了利率风险,增加了金融机构操作难度。王凤京(2006)基于我国金融自由化改革事实,从银行之间的市场连接、银行估价错误、头寸裸露、支付系统的不健全等四个方面详细分析了利率市场化对金融机构的冲击路径。何东、王红林(2011)认为,长期的利率管制降低了利率水平,利率市场化后这种被压抑的价格水平必然会骤然上升,通过间接价格效应、直接价格效应和替代效应三种渠道影响银行脆弱性。张宗益、吴恒宇、吴俊(2012)通过联立方程模型,利用全国14家商业银行的面板数据,实证检验了银行价格竞争与风险行为的关系。研究表明,利率市场化可能会对商业银行造成阶段性的经营风险。唐兴国、刘艺哲(2014)运用Lerner指数作为贷款竞争的代理变量,基于固定效应估计模型,对银行业贷款竞争与金融稳定进行了计量分析。研究结果表明,贷款利率上限的放开,加剧了银行业之间的竞争,对金融稳定虽然没有直接的影响,但存在潜在的威胁。李成、刘生福(2015)基于1997—2013年度面板数据,以全国49家商业银行为研究样本,对利率市场化与银行风险承担进行了实证检验。研究表明,在我国利率市场化进程中,银行风险呈现出上升趋势。

(四)信贷顺周期理论

信贷顺周期理论认为,银行信贷行为通常存在典型的顺周期特征:经济繁荣时期信贷高速膨胀,经济衰退时期信贷快速紧缩,甚至出现信贷崩溃。明斯基和海曼(Minsky and Hyman)(1982)最先对金融脆弱性问题做了系统的研究,形成了"金融脆弱性假说"。该理论基于信贷市场上的资金需求方——企业,并将企业被分为三种类型:第一类是抵补性的借款企业;第二类是投机性的借款企业;第三类是庞兹企业。抵补性企业的整个借款期预期收入总量高于债务总额,而且在每一时期内,其现金净流量为正,这类企业是最安全的借款人。投机类企业的整个借款期预期收入总量高于债务总额,在借款后的前期,预期收入大于到期债务利息小于到期债务本金,借款后的后期,预期收入能够足以偿还到期本息以及前期所欠的本金。投机类企业存在债务敞口,在前期内为偿还债务,要么变卖资产、要么重组债务结构,如该期间内遇到不利情形,该企业就会承担不确定性风险,财务状况就会恶化。庞兹企业整个借款期虽然预期收入总量大于债务总额,但直到最后一期之前,其预期收入不仅小于到期债务本金还小于到期债务利息,直到最后一期该企业的预期收入才足以偿还所有到期债务本息。显然,庞兹企业比投机类企业承担了更大的不确定风险,这期间一旦有任何的不利风险,该企业的财务就会崩溃。

明斯基和海曼(Minsky and Hyman)认为商业周期的存在将诱惑企业进行高负债经营。在经济复苏时期,绝大多数企业都属于第一类的抵补性企业。随着经济的不断繁荣,市场投资热情大增,企业投资回报上升会纷纷扩大借款,引起第二类投机性企业和第三类庞兹企业迅速增多。这样,在银行借款者的结构中,高风险的后两类借款企业所占比重越来越大,而安全的第一类借款企业所占比重却越来越小,于是金融脆弱性愈来愈严重。然而经济是有周期的,在经济衰退时,任何一点现金流断裂事件都将引起企业的违约和破产,企业无力偿还金融机构的借款,会引发金融机构的破产,加速金融资产价格的下跌。鉴于金融体系风险的高度传染性,金融危机的爆发不可避免。

为了更好地解释明斯基和海曼(Minsky and Hyman)的金融脆弱

性理论,克雷格尔(Kregel J. A)(1997)引用"安全边界"的概念,从银行的角度对金融脆弱性的发生进行了深入地分析。安全边界的功能在于,为银行提供一种保护参考标准,以确定可以向哪些人发放贷款。对于借贷双方来说,接受安全边界的重要环节,就是计划投资项目书和项目预期现金收入说明书符合双方预期。一般来说银行家是谨慎的,对安全边界很小心,其贷款的逻辑是基于借款人过去良好的信用记录。然而由于安全边界的评定标准与银行竞争压力存在冲突,安全边界在经济繁荣时会降低。经济繁荣扩张时,使得有良好信用记录的借款人越来越多,尽管有些投资决策可能是错误的。经济扩张投资回报上升,一些较大风险的项目也能正常运转,强化了银行家对借款人的偿债能力。由于银行家赋予借款人偿债信用权重提高了,必然会降低安全边界。长此以往,使得信用较差或者被要求很高的安全边界的借款人,也能够从银行获得贷款。经济扩张、安全边界与偿债信用权重的相互叠加,使得信用风险敞口逐步扩大。同理借款人那一方也会经历相似的过程。起初在向银行家借款时,借款人的投资回报只是预期的,随着经济扩张的推移,实际情况可能越来越多地超出当初的预期,更加强化了借款人投资预期,尽管有时这种"实际情况"并不是真实的。

  金融脆弱性理论正是建立在安全边界标准的变化上,就是经济繁荣时的信贷冲动侵蚀了安全边界的标准,降低了银行贷款的安全边界,产生了金融脆弱性。当安全边界降低到最低程度时,即使经济现实略微偏离预期,也容易导致更多借款人出现财务危机,这意味着拖延支付或者另外寻找贷款。若不能实现,就只能延迟投资计划或者变卖投资资产。结果费雪债务紧缩过程就开始了:价格下跌、实际债务负担加重、供求法则逆转、金融危机发生。

本章小结

本章以我国当下宏观经济热点问题为导向,从资产价格波动理论、利率市场化理论、信贷周期理论三方面归纳了本章的理论框架,从理论上回应了现实诉求,为本书后续的实证分析提供理论依据。

四　资产价格波动与金融脆弱性

（一）引　言

近年来，世界各主要经济体流动性与资产价格呈现高度的趋同性；从 2001 年至 2007 年底，流动性出现充裕甚至过剩的态势，以股票和房地产为典型代表的资产价格出现持续性的大幅度上涨趋势。2007 年底美国次贷危机发生后，全世界宏观流动性和资产价格逆转，出现了宏观流动性短缺、资产价格暴跌的局面。各国政府为了积极应对经济危机冲击，相继实行了量化宽松或负利率的宏观政策，向经济注入大量流动性，从 2009 年中开始，流动性又迅速从短缺转换为过剩、资产价格止跌回升。面对经济下行的压力，我国流动性也一直保持着高速的增长，M2 年均增长 18% 以上。通过对最近二三十年发生的货币危机或经济危机的研究，可以得出一个观点：在危机发生期间及其前后，有大量来路不明的资金频繁流入流出，如此反复来回炒作形成外部冲击，导致金融市场资产交易量明显放大、资产价格上下震荡,严重威胁国家宏观经济的稳定,国家经济安全形势面临严重挑战。这些经济现象引起了社会各界的充分重视,现有文献对交易量与资产价格波动之间关系也进行了详细阐述。拉穆斯和拉斯特普(Lamoureux and Lastrapes)(1990)、布雷斯(Brailsford)(1996)研究发现,之前对股票价格产生冲击的传统因素系数已经变得不显著,而交易量的系数变得异常显著,交易量对股票价格波动具有很强的解释能力。马什和瓦格纳(Marsh and Wagner)(2000)研究发现,在大部分开放的金融市场上,股票交易量对股票收益率条件方差具有显著的解释作用,尤其在美国资本市场上,股票交易量完全解释了 GARCH 效应。但是李、成、瑞(Lee、Chen and Rui)(2001)的研究却得出了不一致的结论,他们研究发现在中国资本市场上,股票交易量对股票价格波动的影响并不显著。此外,还有学者通过将交易量细化成平均单笔交易的数量和交易频率,分别研究它们与股票价格波动之间的关系。巴克和巴鲁克(Back and Baruch)(2007)、奥斯伊夫和塔卡伊玛(Ozsoylev and Takayama)(2010)、陆奇(Louhichi)(2011)均认为股票价格波动与平均单笔交易量存在正相关关系。国内学者李双成、邢志安、任彪(2006)研究表明,在深市,交易量可以部分解释短期内价格波动持续性的部分;而在沪市,交易量可以完全解释短期内价格波动持续性;在沪深两市,非预期的交易量可以解释短期内价格波动;同时相比于同程度的负的交易量,正的交易量冲击对短期内价格波动的影响程度更强烈。王春峰、韩冬、蒋祥林(2007)研究表明,相比于交易频次,单笔交易量由于蕴含了更多价格波动持续性的信息,其对价格波动具有更强的解释能力。并且随着交易规模不同,它们对价格波动的影响程度也不同,其中最大笔的交易量对价格波动的影响程度最大。

关于资产价格波动与金融脆弱性之间的关系,在第三章资产价格波动理论已经进行了详细阐述。现有理论研究多侧重单一资产价格波动的影响,缺乏融合多个市场多项资产联合波动的分析框架和相关研究。随着金融体系的日益完善,多种金融资产市场,包括股票市场、房地产市场、外汇市场、货币市场等相互交织、相互影响,具有"共振效应"。这些资产的波动呈现双向性,因此有必要进一步深入研究。下面本章以资产价格波动理论为指导,基于资金循环流动视角,对我国资产价格的波动深层次原因进行理论上的系统推导,揭示资产价格波动的扰动源进而传导金融脆弱性的内在机理。然后用FCI指数(金融条件指数)作为整个金融市场资产价格波动的代理变量,通过量化指标分析方法和因子分析法提取金融脆弱性代理变量,建立计量模型,利用我国2010年4季度—2015年4季度数据,对多向性资产价格波动与金融脆弱性关系进行检验。本章的新意在于:(1)基于资金循环流动视角揭示资产价格波动的深层次原因,在此基础上分析资产价格波动与金融脆弱性的关系,使得分析结果更具微观基础;(2)采用FCI指标作为金融市场资产价格的联合代理变量来分析对金融脆弱性的传导机制,优于现有文献对单个市场资产价格进行考虑的局限。

(二)基本模型

随着金融自由化和经济一体化进程的加快,大量的金融产品被创造,金融虚拟经济在整个经济体系中的作用越来越明显,现实的经济系统不仅包括实体经济,还包括虚拟经济。本章从实体经济与金融虚拟经济的关系出发,以资金循环流动为纽带,借鉴宾斯万格(Binswanger)(1997)三部门建模思路构建了一个包括居民部门、生产企业部门、金融机构部门、政府部门和国外部门的五部门资金循环流量模型(如图4.1)。与Binswanger用来分析金融部门对实体经济的影响不同,本章尝试运用资金循环流量模型来解释资产价格的波动,从而搭建与实体经济运行相关联的资产价格波动的扰动源。模型重点关注的是货币流量如何在实体经济与虚拟经济之间来回流动,通过研究货币流量的循环流动来解释金融市场中资产价格的变动。

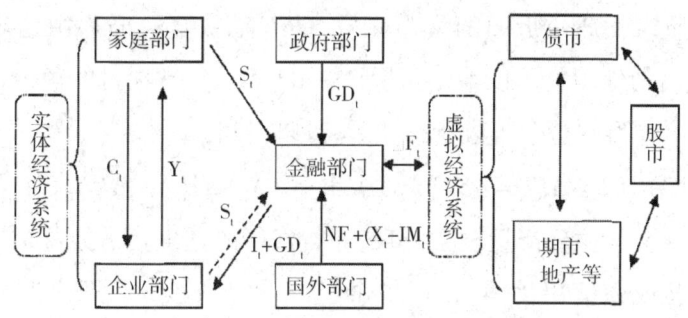

图 4.1 资金循环流动五部门模型

模型假设:

(1)资金流动发生在两个时期,时期长短不影响分析结果;

(2)资金能够在五部门之间连续循环流动;

(3)居民通过向企业提供劳动力获取收入,并通过购买商品进行消费;

(4)企业部门通过利用循环中的货币来发放工资,这些资金在不同时期不会消失;

(5)政府部门通过税收收入进行支出;

(6)国外部门通过对外贸易与对外投资实现收益;

(7)基础货币流动性通过金融部门的货币乘数效应形成银行系统流动性。

根据一定时间内资金供给的流量应该等于资金需求的流量原则,得出一般均衡式:

$$GI_t + C_t + IFL_t + (G_t - T_t - TR_t) = Y_t + DP_t + OFL_t + \Delta M_t + (X_t - IM_t) + \Delta F_t \quad (4.1)$$

其中,等式左边反映了时期资金的需求,GI 是总投资,C 是消费,IFL 是从产业循环进入金融循环的货币量,G、T、TR 分别代表政府的财政支出、税收以及转移支付。等式右边表示时期资金的供给,Y 是总货币收入,ΔP 是折旧的货币融资,OFL 是从金融循环中退出的资金,ΔM 新增信用货币供给变化量,$X - IM$ 表示经常项目的盈余,ΔF 为当期资本项目的盈余。进行移项后,可以得到:

$$IFL - OFL = \Delta FL = (S_t - I_t) + \Delta M_t + (X_t - IM_t) + \Delta F_t \quad (4.2)$$

通过资金循环流量模型发现,央行发行的基础货币经过金融机构不断转化成为信用货币后,在整个经济系统中形成了两个既相互联系、又相互独立的循环系统,即流动于实体经济的"产业循环"和流动于虚拟经济的"金融循环"。定义在一定时期内流入金融部门而没有全部从金融部门流出的资金称之为"金融窖藏",包含国内资金"金融窖藏"和国外资金"金融窖藏"。这些"金融窖藏"脱实向虚,滞留在金融体系内(股市、债市、房市、期市等)空转,必然导致实体经济因融资不足而萎缩,同时也会造成金融体系资产价格大幅上涨,制造虚假繁荣的景象。一旦这些"金融窖藏"大量从金融体系逃离,泡沫破灭,引发系统性金融风险(传导机理见图4.2)。

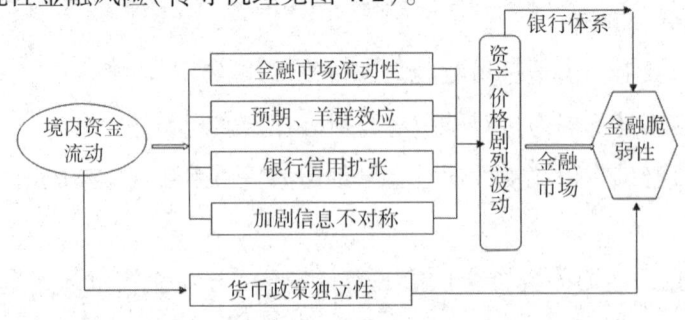

图4.2 资本流动对金融脆弱性的传导机理

(三)实证研究设计

由式(4.2)可知,资金频繁流动而形成的"金融窖藏"导致虚拟经济中资产价格的巨幅波动,然后又通过银行体系和金融市场的传导,造成了整个金融的脆弱性。鉴于数据的可获性,下面选取 2010 年 4 季度—2015 年 4 季度数据,遵循"金融窖藏"资金来源构建资产价格波动与金融脆弱性的计量模型进行实证分析。

1. 变量选取与数据说明

(1)资产价格波动代理变量的选取

根据资产价格波动扰动源的分析,借鉴卞志村(2012)的研究,认为 FCI(金融条件指数)是资产价格波动合适的代理变量,根据古德哈特和霍夫曼(Goodhart、Hofmann)(2000)的定义,FCI 为短期利率、有效汇率、房地产价格和股票价格的加权平均数,用公示表示为:

$$FCI_t = \sum_{i=1}^{n} w_i (q_{it} - \bar{q}_{it}) \quad (4.3)$$

其中,w_i 是 FCI 中资产 i 的相对权重,且 $\sum_{i=1}^{n} w_i = 1$;q_{it} 是资产 i 在 t 时期的价格,$\bar{q}_{it}$ 是资产 i 的长期趋势或均衡值,$(q_{it} - \bar{q}_{it})$ 为缺口变量,表示变量实际值与其长期趋势或均衡值的偏离。由于货币供应量对商业银行也具有冲击,现有文献也有把货币供应量考虑进来,但鉴于短期利率、汇率等指标暗含了货币供应量,本章不考虑货币供应量,相关数据技术处理如下：

①真实短期利率(Rr)：采用上海银行间同业拆借 7 天利率的季度加权平均减去同期的通货膨胀率作为真实短期利率的代理指标，标记为 q_{RR}，数据来源于中宏经济数据库；

②真实房地产价格(Rh)：采用国家统计局编制的国房指数作为房地产价格的代理变量。真实国房指数的季度数据以 2009 年为定基经过季度环比数据计算得到，标记为 Rh，数据来源于中宏经济数据库；

③人民币真实有效汇率指数(Re)：汇率采用间接标价法，标记为 q_{RR}，数据来源于 IMF 编制的《国际金融统计》；

④真实股权价格指数(Rs)：采用上海证券综合指数作为股票价格指数的代理变量，真实股权价格指数由名义指数除以同期通货膨胀率指数得到，标记为 Rs，数据来源于上海证券交易所；

⑤估计长期趋势：本章采取封北麟、王贵民(2006)的做法，利用样本期内真实短期利率均值作为其长期趋势，其余变量使用 Hodrick—Prescott 滤波计算长期趋势或者均衡值。

⑥w_i 权重估计①：根据国际经验，本章将采用 VAR 模型广义脉冲响应函数来估计各资产变量在 FCI 指数中的权重，从而得到我国 FCI 的经验表达式。

$$FCI_t = w_{RR}(q_{RRt} - q_{\bar{RR}}) + w_{RH}(q_{REt} - q_{\bar{RH}}) + w_{RE}(q_{REt} - q_{\bar{RE}}) \\ + w_{RS}(q_{RSt} - q_{\bar{RS}}) \tag{4.4}$$

其中：$q_{\bar{RR}}, q_{\bar{RH}}, q_{\bar{RE}}, q_{\bar{RS}}, q_{\bar{RM}}$ 分别代表相关指标的均衡值。

---

① 在现有文献中，关于模型中自变量权重的确定方法常见的有：变异系数法、统计平均法、层次分析法、复杂度分析法、熵权法、脉冲响应函数法等。各方法各有优劣，本文根据研究需要，直接选用脉冲响应函数法。

(2)金融脆弱性代理变量①的选取

本章借鉴国外通行做法,结合脆弱性概念和数据的可获性,选取不良贷款率(NPLA)、资本充足率(CAR)、存贷款比率(DLA)、资产利润率(ROA)、累计外汇敞口头寸比率(CFEER)等微观量化指标对商业银行脆弱性进行测度。其中不良贷款率反映了银行的信用风险指标、资本充足率反映了银行资本充足指标、存贷款比率反映了银行流动性指标、资产利润率反映了银行资产的盈利指标、累计外汇敞口头寸比率反映了银行资产的市场风险指标,所有数据来源于 Wind 数据库(见表4.1)。根据麦金农和皮尔(Mckinnon and Pill)(1997)以及巴塞尔协议Ⅲ关于金融脆弱性指标的设定和对应的临界值(见表4.2),将表4.1原始指标数据映射为对应的脆弱性数值。例如:2010Q4银行不良贷款率为1.14%,对照表4.2,现将其对应到区间0—5,计算可得:$(1.14 - 0) \div (5 - 0) = 22.8\%$。参照比例将其映射到脆弱性数值区间0—20,其结果最终赋值为:$0 + (20 - 0) \times 22.8\% = 4.6$。脆弱性程度在安全范围内,其他指标赋值过程为同样原理;然后利用因子分析法,获得不良贷款率、资本充足率、存贷款比率、累计外汇敞口头寸比率等权重分别为0.52、0.27、0.12、0.05、0.04,计算金融脆弱性测度的最终指标 BF(见表4.3)。

表4.1 金融脆弱性原始指标

指标	NPLA	CAR	DLA	ROA	CFEER
2010Q4	1.14	12	65	1	7
2011Q1	1.1	12	64	1	6

---

① 关于金融脆弱性程度的衡量,梳理现有文献大致可以归纳为以下三种:一是以 Frankel、Rose(1996)等为代表提出的概率单位模型法,具体表现为 Probit 模型和 Logit 模型;二是以 Sachs(1996)等为代表的提出的横截面回归模型法,即 STV 模型;三是以麦金农和皮尔(Kaminsky)(1997)等为代表的提出的信号分析法。但在具体指标的选取上,目前理论界没有一致的看法。

续表

指标	NPLA	CAR	DLA	ROA	CFEER
2011Q2	1	12	64	1	6
2011Q3	0.9	12	65	1	5
2011Q4	1	13	65	1	5
2012Q1	0.94	12.74	64.53	1.43	4.25
2012Q2	0.94	12.91	64.33	1.41	5.18
2012Q3	0.95	13.03	65.28	1.39	4.65
2012Q4	0.95	13.25	65.31	1.28	3.92
2013Q1	0.96	12.28	64.68	1.37	3.77
2013Q2	0.96	12.24	65.17	1.38	4.24
2013Q3	0.97	12.18	65.63	1.36	3.77
2013Q4	1	12.19	66.08	1.27	3.68
2014Q1	1.04	12.13	65.89	1.4	4.04
2014Q2	1.08	12.4	65.4	1.37	3.87
2014Q3	1.16	12.93	64.17	1.35	3.71
2014Q4	1.25	13.18	65.09	1.23	3.5
2015Q1	1.39	13.13	65.67	1.29	2.98
2015Q2	1.5	12.95	65.8	1.23	2.97
2015Q3	1.59	13.15	66.39	1.2	3.55
2015Q4	1.67	13.45	67.24	1.1	3.67

表4.2 金融脆弱性指标和对应的临界值

指标	取值范围			
不良贷款率(NPLA)	<5	5—10	10—20	>20
资本充足率(CAR)	>12	8—12	4—8	<4
存贷比率(DLA)	<70	70—75	75—90	>90
资产利润率(ROA)	>0.4	0.2—0.4	0—0.2	<0

续表

指标	取值范围			
累计外汇敞口头寸比率(CFEER)	<20	20—30	30—50	>50
指标映射值范围	0—20	20—50	50—80	80—100
脆弱性程度	安全	正常	关注	危险

资料来源：Mckinnon R. and Pill H. A Decomposition of Credit and Currency Risks. 1997

表 4.3 金融脆弱性映射指标

指标	NPLA	CAR	DLA	ROA	CFEER	BF
2010Q4	4.56	20.00	18.57	17.00	7	11.13
2011Q1	4.40	20.00	18.29	17.00	6	10.97
2011Q2	4.00	20.00	18.29	17.00	6	10.76
2011Q3	3.60	20.00	18.57	17.00	5	10.55
2011Q4	4.00	15.00	18.57	17.00	5	9.41
2012Q1	3.76	16.30	18.44	14.85	4.25	9.48
2012Q2	3.76	15.45	18.38	14.95	5.18	9.29
2012Q3	3.80	14.85	18.65	15.05	4.65	9.16
2012Q4	3.80	13.75	18.66	15.60	3.92	8.86
2013Q1	3.84	18.60	18.47	15.15	3.77	10.14
2013Q2	3.84	18.80	18.62	15.10	4.24	10.23
2013Q3	3.88	19.10	18.75	15.20	3.77	10.34
2013Q4	4.00	19.05	18.88	15.65	3.68	10.42
2014Q1	4.16	19.35	18.83	15.00	4.04	10.56
2014Q2	4.32	18.00	18.69	15.15	3.87	10.26
2014Q3	4.64	15.35	18.33	15.25	3.71	9.67
2014Q4	5.00	14.10	18.60	15.85	3.5	9.57
2015Q1	5.56	14.35	18.76	15.55	2.98	9.91

续表

指标	NPLA	CAR	DLA	ROA	CFEER	BF
2015Q2	6.00	15.25	18.80	15.85	2.97	10.40
2015Q3	6.36	14.25	18.97	16.00	3.55	10.37
2015Q4	6.68	12.75	19.21	16.50	3.67	10.19

2. 计量模型设立

本章首先建立金融脆弱性与 FCI 指数之间的多元线性回归基准模型,分析多个金融市场对金融脆弱性的影响,由于选取的各个市场指标之间的数值相差较大,所有数据采用标准化法对其进行无量纲化处理。基准模型设立如下:

$$BF_t = \beta_1 GRr_t + \beta_2 GRh_t + \beta_3 GRe_t + \beta_4 GRs_t + \mu_t \quad (4.5)$$

其中 BF 代表金融脆弱性,GRr 代表真实利率缺口,GRh 代表真实房地产缺口,GRe 代表人民币真实有效汇率指数缺口,GRs 代表真实股权价格指数缺口,代表随机扰动项。β 代表回归系数。

基准模型(4.5)没有考虑其它宏观经济变量与金融环境变量对金融脆弱性的影响,容易造成分析结果偏颇。因此,本章依据现有文献对模型(4.5)进行扩展,引入一些宏观经济与金融环境控制变量,深入研究不同金融市场对金融脆弱性的影响。这些控制变量包括宏观控制变量:国内生产总值增长率,全社会固定资产投资增长率;金融环境变量:银行业市场集中度,贷款增长率。扩展模型如下:

$$BF_t = \beta_1 GRr_t + \beta_2 GRh_t + \beta_3 GRe_t + \beta_4 GRs_t + \beta_5 GDPGR + \beta_6 TIFAGR \\ + \beta_7 CR + \beta_8 LGR + \mu_t \quad (4.6)$$

其中,GDPGR 代表国内生产总值增长率,TIFAGR 代表全社会固定资产投资增长率,CR 代表银行业市场集中度,LGR 代表贷款增长率,其它变量与式(4.5)相同。

最后,本章采用 VAR 模型①,借用脉冲响应函数、格兰杰因果关系检验等方法进一步分析我国金融市场资产价格波动与金融脆弱性之间的动态关系。

(四)实证结果分析

1. 多元回归分析

在回归之前,所有数据进行了单位根检验,检验结果表明所有数据是平稳的,可以进行回归分析。回归结果表明(见表4.4),在不考虑控制变量的情况下,房地产价格指数波动对商业银行具有显著的负向影响,房地产价格指数上升有助于降低金融脆弱性,人民币有效汇率指数和上证指数价格波动对金融脆弱性具有显著的正向影响;研究结果还表明,利率价格变动对金融脆弱性没有显著影响,这可能与我国利率市场化没有完全放开有很大的关系。在分别加入宏观与金融环境等控制变量后,将方程二、方程三与方程一对比,发现各变量系数都有所增大,尤其是房地产价格指数和人民币有效汇率指数对商业银行的脆弱性影响显著性增强;对比方程二和方程三,发现无论是加入宏观控制变量还是加入金融环境控制变量,房地产价格指数对金融脆弱性影响都显著增强。在将宏观和金融环境控制变量同时加入后,通过方程四与方程一、方程二、方程三一一对比,发现所有变量回归系数

---

① VAR 模型克服了原始的联立方程组的不足,不需要事先把一些变量设定为内生变量和外生变量,它的本质在于如果模型变量之间有相关性,这些变量在模型之中就应该平等对待,而不应该事先区分内生和外生变量。

都在增大,变量更为显著和具有经济意义。

表 4.4 方程回归结果

	变量	基准方程 (n=21) 方程一	宏观、金融变量分组结果 (n=21) 方程二		综合分组结果 (n=21) 方程四
				方程三	
	GRr	-0.0134 (-1.1451)	-0.0176 (-1.2412.)	-0.0214 (-1.4385)	-0.0236 (-1.4987)
	GRh	-0.3331* (-2.7384)	-0.3832** (-5.7873)	-0.3874*** (-6.7139)	-0.4174*** (-8.5741)
	GRe	0.3127* (2.4953)	0.3219** (3.6951)	0.3021* (2.5347)	0.3253** (3.2854)
	GRs	0.1436* (2.1641)	0.1479* (2.5964)	0.2143* (2.2571)	0.2879** (3.1573)
	c	21.3986 (18.6995)	19.3986 (14.5892)	20.5871 (19.0157)	18.4287 (16.8671)
宏观控制变量	GDPGR	–	-0.2838 (-1.1837)	–	-0.3215** (-3.3982)
	TIFAGR	–	-0.3844** (-4.3477)	–	-0.2459 (-1.8749)
金融环境控制变量	CR	–	–	0.5247*** (9.4871)	0.6123*** (11.1506)
	LGR	–	–	0.4128*** (7.1819)	0.2941** (2.9105)
	调整的 R^2	0.7535	0.8617	0.8717	0.9517
	F 统计量	10.4838	14.3876	14.8512	21.8962
	D-W 值	1.9856	2.0423	2.1423	2.0953

注:括号内数字为 t 统计量,括号上方数字为相关系数,*、**、*** 分别表示在 10%、5%、1% 的显著水平

2. VAR 模型分析

(1) 平稳性检验

本章建立一个包含5个变量的无结构限制的 VAR 模型:金融脆弱性测度指标 BF、真实短期利率缺口 GRR、真实房地产价格缺口 GRH、真实股权价格指数缺口 GRS、实际有效汇率缺口 GRE。在正式建立 VAR 模型之前需要进行各变量的平稳性检验,通过对 VAR 模型进行滞后结构的单位根检验,发现被估计的 VAR 模型所有根模的倒数均小于1,即位于单位圆内,表明以上各变量是平稳的(如图4.3所示)。

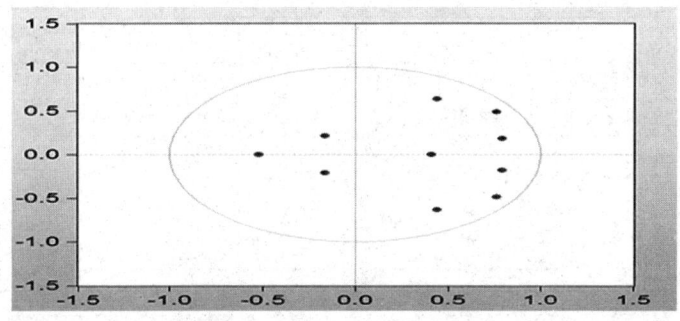

图 4.3　AR 单位根检验

(2) 脉冲响应函数分析①

按照 AIC 准则和 SC 准则,借助计量软件 eviews6.0,采用10期滞后,可以获得各个资产变量冲击于商业银行脆弱性之上的脉冲响应函数。分析结果表明(见图4.4):所有变量对金融脆弱性的影响具有滞后性,在第三期影响开始。房地产价格指数(GRH)的单位新息扰动对

---

① 脉冲响应函数主要用来衡量来自某个内生变量的随机扰动项的一个标准差冲击对 VAR 模型中所有内生变量当前值和未来取值的影响。

商业银行脆弱性冲击显著击为负,直到第八期才开始为正,影响非常大,同时呈现出很强的周期性;人民币实际有效汇率缺口(GRE)的单位新息扰动对商业银行脆弱性的正向冲击效应很大,具有很长的持续性,说明境外资本频繁流动会对金融脆弱性具有明显的短期扰动;真实股权价格指数缺口(GRS)的单位新息扰动对金融脆弱性具有持续的正向冲击效应;真实短期利率缺口(GRR)单位新息扰动对商业银行脆弱性影响很微弱。

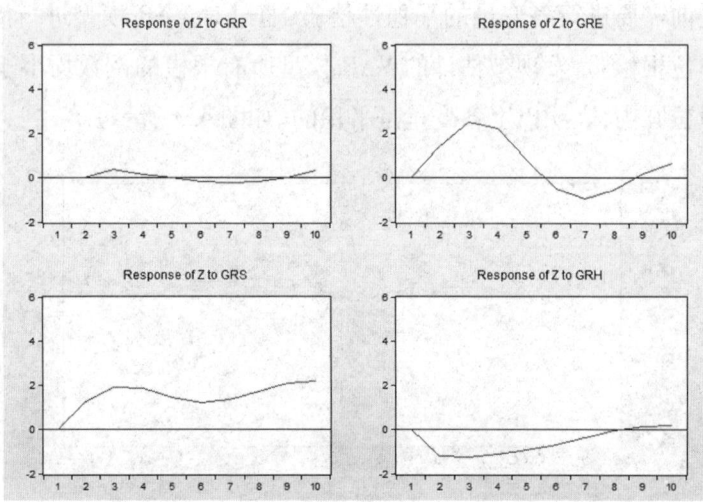

图 4.4 金融脆弱性对各变量的脉冲响应函数分析

然后,通过标准的 Cholesky 分解识别结构冲击,可以得到向量自回归模型商业银行脆弱性的脉冲响应函数,进而得到真实短期利率缺口 GRR、真实房地产价格缺口 GRH、真实股权价格指数缺口 GRS、实际有效汇率缺口 GRE 等 4 个变量 1—10 期具体反应值的累计,以各变量累计值占总累计值的比重为权数,根据式(4.4),可以得到 FCI 表达式:

$$FCI_t = 7.5\%(q_{RR} - q_{\bar{RR}}) + 38.5\%(q_{RHt} - q_{\bar{RH}}) + 32.9\%(q_{REt} - q_{\bar{RE}}) \\ + 21.1\%(q_{RSt} - q_{\bar{RS}}) \tag{4.7}$$

通过公式(4.7)可知,在 FCI 指数构成中,房地产价格所占比重最大,表明房地产价格波动对金融脆弱性影响最大,这符合当前我国实际经济事实;其次是汇率,表明尽管在我国资本和金融账户还没有完全放开情况下,汇率波动对金融脆弱性影响不容忽视,股权价格指数所占比重位居第三,表明股指价格波动对商业银行脆弱度的影响没有我们经验想象的那么大,这与当下我国金融行业实行分业经营有关;短期利率所占比重最小,表明其对商业银行脆弱性影响最低。

(3)FCI 指数与商业银行脆弱性格兰杰因果关系检验①

在对 FCI 和商业银行脆弱度进行格兰杰因果检验之前,需要确定滞后阶数,本章通过计算滞后 8 期以内的各种信息标准,根据 AIC(赤池信息)准则确定滞后阶数为 8。格兰杰检验结果如表 4.6 所示,金融条件指数 FCI 不是商业银行脆弱性 BF 的格兰杰因果原因的概率仅为 1.5%,非常小,相反,商业银行脆弱性 BF 不是 FCI 的格兰杰因果原因的概率却高达 38.1%。因此,可以推断 FCI 是引致商业银行脆弱性 BF 的单向格兰杰因果原因。

表 4.6 FCI 和商业银行脆弱性的格兰杰因果检验

Sample:2010Q4—2015Q4

Lags:8

Null Hypothesis: 原始假设	Obs	F – Statistic	Probability
FCI does not Granger Cause Z FCI 不是导致 Z 的格兰杰因果原因	21	1.75110	0.01512
Z does not Granger Cause FCI Z 不是导致 FCI 的格兰杰因果原因	21	16.1039	0.38137

---

① 格兰杰因果关系检验主要用来确定经济变量之间是否存在因果关系以及影响的方向,其检验思想为如果一个变量引起另一个变量的变化,那么这个变量的变化应当发生在另一个变量变化之前。

(五)研究结论和政策建议

本章以资产价格波动理论为指导,基于资金循环视角,利用相关指标的 2010 年 4 季度—2015 年 4 季度数据,构建了包含金融市场多项资产价格波动的 FCI 指数和商业银行脆弱度代理变量,建立了两者之间多元线性回归与 VAR 模型,通过脉冲响应函数分析,得出 FCI 指数的表达式。研究结果一致表明,无论是线性回归模型还是 VAR 模型,房地产价格、汇率价格波动是造成金融脆弱性的主要扰动源,其扰动贡献值高达 71%;同时进一步通过格兰杰因果关系检验得出 FCI 指数是商业银行脆弱性的单项格兰杰原因。研究结论对当下我国金融市场改革具有重要的借鉴意义,要正确处理好以下三方面之间的关系。

(1)要处理好房地产去库存与防风险的关系。从当前房地产行业融资渠道来看,绝大多数资金来源于商业银行的信贷,当下房地产去库存无疑会加剧房企资金链紧张,容易引发更多房企倒闭、跑路以及产生大量的不良贷款问题,这必然会加剧商业银行的脆弱性。要在有效控制风险的前提下,加大对那些经营效率高、库存去化速度快的房企给予资金支持,协助房企之间并购重组,坚决防范由去库存而引起的银行系统性风险。

(2)要处理好人民币国际化改革与银行稳定之间的关系。当下人民币国际化是趋势所然,也是目前我国金融体制改革的重要方向。人民币国际化可以降低汇率风险、缓解外汇储备压力、获取铸币税、推动金融体系建设、提高国际地位。与此同时,人民币国际化后,我国资本和金融账户完全放开,境外资本可以随时流入和流出,人民币会时刻成为国际炒家狙击的对象,加大汇率的波动性,这势必加大银行的脆弱性。因此,在加快人民币国际化的进程中,前提是必须要提升好我国银行机构抗击汇率波动的承受力,做好银行机构汇率波动压力测试,健全银行机构监管指标,夯实银行机构微观稳定基础。

(3)要处理好金融分业监管与加强统筹协调之间的关系。当前我国金融发展已经呈现出多样化的金融机构、复杂化的产品结构、信息化的交易结构、综合化的经营体系,使得现行分业监管越来越不适应当下我国金融业发展的需求,尤其是近年来我国金融市场的频繁震荡和金融风险事件不断爆发更加说明了当前分业监管的弊端。这就需要对当前监管框架进行改革,加强顶层设计,加强统筹协调,建立宏观经济部门统一协调的大监管体系。尤其是要建立涵盖宏观审慎管理、宏观审慎监管、微观审慎监管、市场微观机制建设等"四位一体"的宏观审慎管理整体框架,有效防范系统性金融风险的发生,有力保障我国宏观经济强劲、可持续、包容性增长。

本章小结

本章以资产价格波动理论为指导,基于资金循环流动视角,利用2010年4季度—2015年4季度相关指标数据,构建了包含金融市场多项资产价格波动的FCI指数和金融脆弱性代理变量,建立了两者之间多元线性回归与VAR模型,并通过脉冲响应函数,得出FCI指数的表达式。研究结果表明,无论是线性回归模型还是VAR模型,房地产价格、人民币有效汇率价格波动是造成金融脆弱性的主要扰动源,其扰动贡献值高达71%;同时进一步通过格兰杰因果关系检验得出FCI指数是金融脆弱性的单项格兰杰因果原因。并就当下正确处理好房地产去库存与防风险、人民币国际化改革与国内金融稳定、金融分业监管与加强统筹协调之间的关系提出了相关对策建议。

五 利率市场化与金融脆弱性的宏观效应

(一) 引 言

利率是货币的价格,是影响经济发展和金融运行的重要因素,利率市场化程度高低,决定了金融资源在全社会的配置效率;同时,利率市场化已成为衡量一个国家(或地区)金融开放和发达程度的重要标准之一。自20世纪70年代以来,越来越多地发展中国家摒弃了金融管制或者金融压抑(例如设置利率上限、设置银行门槛准入、限制资本流动等)的做法,发达国家也出现了金融自由化的改革浪潮。通过梳理现有文献不难发现,利率市场化是一把双刃剑。利率市场化后,赋予各商业银行自主的利率定价权,各商业银行可以根据市场竞争情况以及经营需要,制定差异化的利率体系来增强其市场竞争力,尤其是一些大的商业银行可以通过提高实际利率来增加储蓄率,有利于迅速实现资本积累。同时利率市场化,能够通过利率的价格信号作用促使金融市场、金融中介更好地发挥动员储蓄、分散和转移风险、甄别并监督贷款申请人等作用,还可以通过市场竞争推动金融结构的改变(比如金融自由化取消了金融机构的准入限制、刺激竞争、鼓励金融部门发挥规模经济),使金融体系更有效地提供金融服务。与此同时,利率市场化后会加大商业银行之间的竞争,会对商业银行带来巨大的利率风险冲击,稍微操作不慎极易引发金融脆弱性。其中原因主要有:(1)利率市场化后,不可避免地加剧商业银行的竞争,为了揽储,各商业银行竞相提高利率水平,导致存款资金流动更加频繁,使得商业银行经常暴露在风险敞口下,容易引起商业银行的流动性风险;(2)利率市场化后,商业银行传统的收益净利差会收窄,为了追求绩效目标,银行会铤而走险,倾向于放贷更高风险和收益的项目,由于信息不对称导致的"逆向选择"和"道德风险"的存在,容易引起商业银行的信用风险;(3)利率市场化后,会加速银行业市场结构调整,加剧市场垄断。相较于大型银行,中小银行无论在客户基础、人才储备、金融产品定价和运用、风险分散、技术优势等方面都存在先天不足,利率市场化后,随着抢占市场占有率和客户资源的竞争加速,很有可能引发中小银行的倒闭潮,容易引发金融系统的动荡,促发系统性风险的发生。

我国金融化改革开启于20世纪90年代,其中以利率市场化改革为首要之义。1996年6月,央行开始放松对利率的管制,银行业同业拆借实现利率市场化,金融机构对贷款利率具有一定的自主定价权,开启了利率市场化的步伐。时至今日,我国利率市场化改革已经取得了巨大的成就,利率市场化改革目标已经完成。我国利率市场化完全开放是否会对我国的银行系统造成冲击,进而引发整个金融体系的脆弱性?这是本章首先考虑到的问题。不仅如此,现有文献还表明,商业银行面对外部冲击时还存在宏观效应,并且银行资本约束越强,这种宏观效应越大。从目前我国商业银行构成看,已经发展为5家大型商业银行、12家股份制商业银行和155家城市商业银行以及516家农村商业银行的多层次结构。商业银行数量的迅速扩张、结构的显著变化,由此引出第二个问题,即不同类型商业银行的宏观效应是否存在显著差异?基于此,本章着眼于利率市场化后金融脆弱性,重点探讨利率市场化后利率冲击将引致金融脆弱性的机理,以及基于脆弱性的商业银行宏观效应。

现有文献主要是从银行外源性股权融资的视角研究金融脆弱性的宏观效应,认为外部融资溢价与资产净值负相关关系导致宏观效应的产生。此外,现有文献在分析商业银行金融脆弱性的宏观效应时,往往把商业银行作为一个"黑箱"来研究,忽略了商业银行内部不同性质银行的差异。本章的新意在于:(1)基于金融脆弱性视角,首次将银行同业拆借市场纳入分析框架,检测我国商业银行脆弱性的宏观效应;(2)基于我国商业银行不同市场结构,首次对不同类型商业银行脆弱性的宏观效应是否存在显著差异性进行实证检验。

(二)理论模型

伯南克(Bernanke)等(1996、1997)通过对 MM 理论模型假设的放松,提出了一个具有固定规模投资计划借款者(或企业)面对"有代价的状态证实"(Costly State Verification,"CSV")问题的世代交叠模型。在 CSV 框架中,根据企业财富净值与外部融资溢价的负相关关系,论证了外界的一个微小冲击可以导致宏观经济的剧烈波动,并把这种机制命名为金融加速器效应。① 本章在借鉴该模型的基础上,建立基于

---

① 根据金融加速器的界定,可知金融加速器效应是指金融市场由于信息不对称、代理成本等外部摩擦因素的存在,当宏观经济遭受外部微小冲击时,这种微小冲击会通过信贷市场的作用被放大,即呈现"小冲击,大周期"现象。

脆弱性的商业银行金融加速器理论模型,并以此模型为基础来分析利率冲击下商业银行脆弱性的宏观效应。

假设 Q 为商业银行贷款总供给,P 为资本品一般价格水平,在 t 期,银行总资产价值 Q_tP_t 等于银行资产净值 N_t、银行同业拆借资金 b_t 和银行一般存款资金 d_t 之和。即:

$$Q_tP_t = N_t + b_t + d_t \tag{5.1}$$

t 期银行资产净值等于 $t-1$ 期资产总收益减去总负债。即:

$$N_t = [Z_t + (1-\delta)P_t]Q_{t-1} - R_b b_{t-1} - R_d d_{t-1} \tag{5.2}$$

其中,Z 表示银行的年终分红,δ 表示资产折旧率,R_b 表示银行间同业拆借利率,R_d 表示银行一般存款利率。

在期末,银行预期未来资产净值的贴现值为 V:

$$V = E_t \sum_{i=1}^{\infty} (1-\sigma)\sigma^{i-1} \Lambda_{t,t+i} N_{t+i} \tag{5.3}$$

其中 σ 为每期银行存活率,$1-\sigma$ 即为每期银行破产概率,$1/(1-\sigma)$ 为银行的存活期限,Λ 为随机贴现因子。根据 Brenda Gonzales - Hermosillo(1999)等人的研究,商业银行脆弱度可由以下公式表示:

$$商业银行脆弱度 = \frac{不良贷款 - 资本 - 贷款准备金}{总资产净值} \tag{5.4}$$

由式(5.4)可知,商业银行脆弱度与商业银行资产净值成反比,即

$$V = \bar{h}(Fr) \tag{5.5}$$

其中 Fr 表示商业银行脆弱度,$\bar{h}(\cdot)$ 表示反函数。

假设 w 代表银行业之间的市场摩擦,w 越大,表示市场摩擦越小,表明金融资产交易越容易,市场越趋于完全竞争市场,外部状态审计成本越小,从而外部融资溢价越小。同时假设为 θ 银行资产亏损比率,该指标代表银行的破产概率。为使银行不破产,银行资产净值的贴现值必须大于亏损额,即满足以下条件:

$$V(Q_t, b_t, d_t) > \theta(Q_t p_t - w b_t) \tag{5.6}$$

并且 $t-1$ 期的资产净值贴现值 V_{t-1} 满足以下贝尔曼方程：

$$V_{t-1}(Q_{t-1},b_{t-1},d_{t-1}) = E_{t-1}\Lambda_{t-1,t}\{(1-\sigma)V_t(Q_t,b_t,d_t) + \sigma\max_{d_t}[\max_{Q_t,b_t} V_t(Q_t,b_t,d_t)]\} \quad (5.7)$$

采用猜想法并假设值函数为线性对方程(5.5)进行求解：

$$V_t(Q_t,b_t,d_t) = \nu_{qt}q_t - \nu_{bt}b_t - \nu_{dt}d_t \quad (5.8)$$

其中，n_{qt} 为资产 Q 边际收益，n_{bt} 为同业拆借成本，n_{dt} 为一般存款边际成本。设 l 为某一典型商业银行的约束条件式(5.4)的拉格朗日乘子，为整个银行业的拉格朗日乘子，下面进行求解可得如下一阶条件：

$$(\nu_{bt} - \nu_{dt})(1+\bar{\lambda}) = \theta\omega\lambda_t \quad (5.9)$$

$$\left(\frac{\nu_{qt}}{p_t} - \nu_{bt}\right)(1+\lambda_t) = \lambda_t\theta(1-\omega) \quad (5.10)$$

$$\left[\theta - \left(\frac{\nu_{qt}}{p_t} - \nu_{bt}\right)\right]Q_tP_t - [\theta\omega - (\nu_{bt} - \nu_{dt})]b_t \leq \nu_{dt}N_t \quad (5.11)$$

考虑到我国金融市场的不完全性现状，现在假设 $w=0$。这表明一般存款市场与银行间同业拆借市场均存在市场摩擦，两个市场均存在状态审计成本，银行通过其中任何一个市场进行外源性融资都会存在外部融资溢价。为简便分析，本章假定两个市场存在相同的市场摩擦。

$w=0$ 时，由式(5.7)可得，银行间同业拆借资金的边际成本与一般存款边际成本相等，即：

$$\nu_{bt} = \nu_{dt} \quad (5.12)$$

令 μ 表示资产边际收益减去一般存款的边际成本，从而有：

$$\mu_{bt} = \mu_{dt} = \frac{\nu_{qt}}{P_t} - \nu_{dt} \quad (5.13)$$

式(4.9)可以表示为：

$$P_tQ_t - b_t = \phi_{bt}N_t \quad (5.14)$$

五 利率市场化与金融脆弱性的宏观效应

$$P_t Q_t - d_t = \phi_{dt} N_t \quad (5.15)$$

并且有：

$$\phi_{bt} = \phi_{dt} = \frac{\nu_{bt}}{\theta - \mu_t} = \frac{\nu_{dt}}{\theta - \mu_t} \quad (5.16)$$

设 Ω_{t+1} 为 $t+1$ 期银行业资产净值边际收益，R_{t+1} 为银行资产的总收益率，结合式(5.7)、(5.8)，求解可得：

$$\nu_{bt} = E_t \Lambda_{t,t+1} \Omega_{t+1} R_{t+1} \quad (5.17)$$

$$\mu_{bt} = E_t \Lambda_{t,t+1} \Omega_{t+1} (R_{t+1} - R_{b(t+1)}) \quad (5.18)$$

其中，

$$\Omega_{t+1} = 1 - \sigma + \sigma(\nu_{b(t+1)} + \phi_{t+1} \mu_{b(t+1)}) \quad (5.19)$$

$$R_{t+1} = \frac{z_{t+1} + (1-\sigma) P_{t+1}}{P_t}$$

$\Lambda_{t,t+1} \Omega_{t+1}$ 表示扩展的随机贴现因子，其权重为银行资产净值边际收益。

当银行面临一个负的利率冲击时，一般存款资金和银行间同业拆借资金的边际成本 $\nu_{d,t+1}$、$\nu_{b,t+1}$ 降低，$\nu_{d,t+1}$、$\nu_{b,t+1}$ 的降低导致银行外源性融资溢价和外源性融资成本下降，银行资产净值贴现值 V_t 增加。由式(5.5)可知，银行脆弱性降低，银行可以从拆借市场和一般存款市场吸收更多的资金发放贷款，进而导致实体经济可以从银行获得更多的可贷资金。根据式(5.2)，银行信贷发放增加了银行资产净值规模，银行资产净值的增加使得银行外源性融资边际成本降低，以外生性不确定冲击所引起的银行资产净值、外源性融资溢价互动关系通过银行信贷渠道导致金融加速器的产生，在金融加速器机制作用下引发宏观经济的大波动。

（三）实证研究设计

1. 实证模型与变量说明

理论上,银行部门金融加速器机制产生的关键是银行"外部融资溢价"与"银行资产净值"之间的负向关系,即任何外部冲击最终都会通过影响借贷关系中的代理成本进而引发信贷配给在"紧缩"和"放松"状态间的转移,在金融加速器机制下作用于经济波动。本章主要目的是研究利率市场化下面对利率冲击时,不同商业银行脆弱性的宏观效应是否存在,并进一步从非线性、非对称性角度研究不同商业银行脆弱性的宏观效应是否存在显著性差异。根据式(5.5)可知,商业银行脆弱性与银行资产净值成反向关系。基于此,本章的实证模型设计如下:

（1）基于脆弱性商业银行金融加速器的基准模型

$$Fr_{Lit} = \beta_{i0} + \beta_{i1} R_{dt} * (R_{bt} - R_{dt})_t + \mu_{it} \quad (i=1,2,3,4) \quad (5.20)$$

其中 i 代表不同类型的商业银行,本章依据银监会的分类,把我国商业银行划分为国有商业银行、股份制商业银行、城市商业银行、农村商业银行;b_{ij}代表回归系数,μ_{it}表示随机扰动项。

表示商业银行的脆弱性程度,借鉴相关文献资料并结合专家的观点,选取商业银行不良贷款率(rbl)、资本充足率(rca)两项指标作为衡量金融脆弱性程度。其中不良贷款率与银行脆弱性程度存在正相关关系,资本充足率与银行脆弱性程度存在负相关关系。为便于变量方向的一致性,根据巴塞尔协议设定的商业银行资本充足率应高于8%的标准,将资本充足率指标转换为(8% - rca),以上述二项指标之和作为衡量金融脆弱性程度的指标值。即 $Fr_{Lit} = (rbl + 8\% - rca)$(见图5.1)。

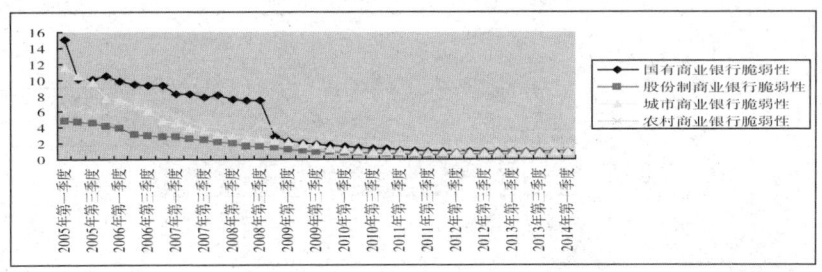

图 5.1 我国金融脆弱性代理变量值

R_{dt} 表示利率政策变量,根据央行的利率管理规定办法,央行先制定1年期存款基准利率,以此为基础制定其他期限相应的存款基准利率,通过测算之后,再制定不同期限的贷款基准利率。鉴于此,选取1年期存款基准利率表示利率变量(见图5.2)。

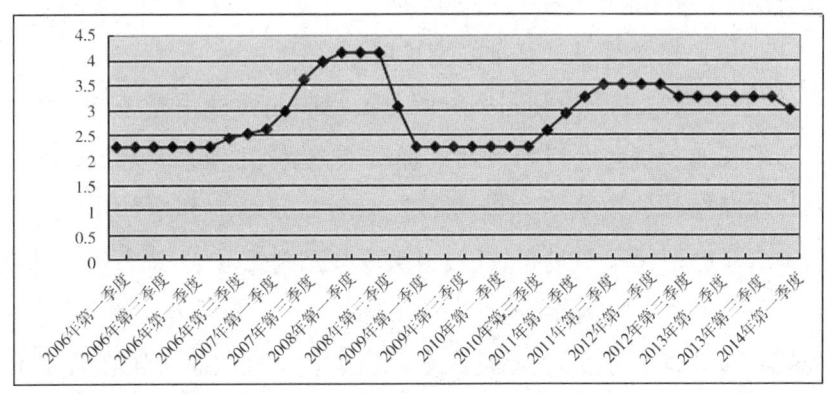

图 5.2 我国商业银行 1 年期存款基准利率

$(R_{bt} - R_{dt})$ 表示商业银行外部融资溢价,根据文献资料,外部融资溢价一般表示为外源性融资所支付的成本减去内源性融资的机会成本的差额部分。根据定义,将商业银行的外部融资溢价表示为银行间同业拆借利率减去银行间债券市场 1 年期国债收益率的差值(见图 5.3)。

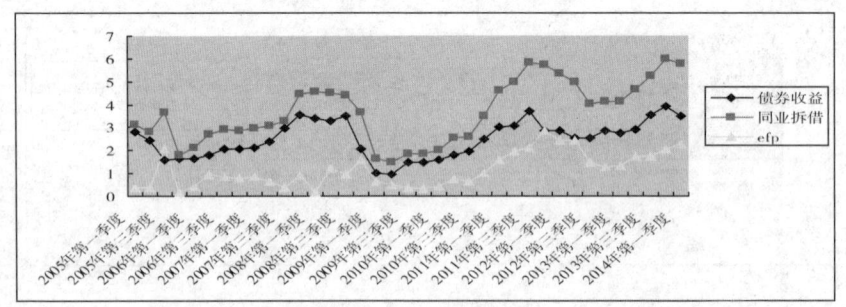

图 5.3 我国商业银行同业拆借市场外部融资溢价状

$R_{dt} * (R_{bt} - R_{dt})$ 表示利率冲击与外部融资溢价的交互项,表示二者对商业银行脆弱性的共同影响,目的在于验证商业银行脆弱性在利率冲击下的金融加速器传导机制是否有效,从而进一步推断商业银行脆弱性在利率冲击下是否存宏观效应。

(2)引入控制变量的基准模型扩展

模型(5.20)主要检验利率对商业银行脆弱性冲击是否存在宏观效应,把其他一些变量归结为随机扰动项,这样处理容易造成模型诊断误差,即把其他因素对因变量的影响全部归结为利率冲击。接下来,本章对模型(5.20)进行扩展,引入一些控制变量:①银行规模。根据"大而不会死"的金融原理,对于大规模的银行较之小规模的银行,一般来说,具有透明度高、融资成本低和抗风险分散能力强等优势,同时大规模银行具有在资本市场和货币市场上发行证券的优势。所以银行规模应与银行脆弱性负相关,本章用商业银行总资产占银行业金融机构比例度量银行规模(Size);②资产流动性。利率自由化后,商业银行面临利率冲击很容易造成流动性风险,进而引发银行挤兑风险。因此商业银行流动性比率与银行脆弱度负相关,本章用银行流动资产比流动负债度量流动性指标(Liqud);③商业周期。一般来说,当宏观经济周期处于上升通道时,企业盈利能力强,商业银行具有放贷扩张的冲动,银行资产净值会增加,脆弱度降低;当宏观经济周期处于下行通道时,企业盈利能力弱,商业银行具有信贷收缩的谨慎,银行资产净值会降低,脆弱度增大。本章引入虚拟变量(Cycle)度量商业周期,当商业上期处于上升通道时,变量取值为1,反之变量取值为0。

$$Fr_{Lit} = \beta_{i0} + \beta_{i1}R_{dt} * (R_{bt} - R_{dt})_t + \beta_{i2}Size + \beta_{i3}Liqud + \beta_{i4}Ctcle + \mu_{it}$$
$$(i = 1,2,3,4) \tag{5.21}$$

(3)考虑非线性的门限回归模型

通过设定门限回归模型来检验利率对商业银行脆弱性冲击的宏观效应非线性特征,模型设定如下:

$$Fr_{List} = \beta_{i0} + \beta_{i1}R_{dt} * (R_{bt} - R_{dt})I\{(R_{bt} - R_{dt}) \geq \gamma\} + (R_{bt} - R_{dt})I * R_{dt} * \{(R_{bt} - R_{dt}) < \gamma\} + \varepsilon_{it} \quad i = (1,2,3,4) \tag{5.22}$$

其中,$(R_{bt} - R_{dt})$表示银行外部融资溢价,代表非线性回归模型的门限变量;γ表示门限值,用来识别$(R_{bt} - R_{dt})$门限值以区分商业银行脆弱性的宏观效应在不同溢价状态下的表现特征,ε_{it}代表随机扰动项。其它变量含义与方程(5.20)相同。

(4)考虑非对称的EARCH模型

大量文献证明,金融资产时间序列经常存在"杠杆效应",即负的冲击或者坏消息比同等程度的正的冲击或者好消息产生的波动更大,为了解决这种非对称性,学界提出了各种非对称的ARCH模型,包括TARCH、EGARCH和PARCH模型。为了检验利率对商业银行脆弱性冲击的宏观效应非对称性,本章运用EGARCH模型进行分析。EGARCH(1,1)模型设立如下:

均值方程：$FR_{Lst} = \beta_{i0} + \beta_{i1} R_{dt} * (R_{bt} - R_{dt})_t + \mu_{it}$ （$i = 1,2,3,4$）
$$\tag{5.23}$$

方差方程：$\ln(\sigma_{it}^2) = \omega + \beta_{i0} \ln(\sigma_{i,t-1}^2) + \alpha_{i0} |\frac{\mu_{i,t-1}}{\sigma_{i,t-1}}| + \alpha_{i1} \frac{\mu_{i,t-1}}{\sigma_{i,t-1}}$

（$i = 1,2,3,4$）
$$\tag{5.24}$$

其中，$\alpha_{i1} \frac{\mu_{i,t-1}}{\sigma_{i,t-1}}$ 项用来描述模型方差是否存在非对称性，称为非对称效应项，当 $\alpha_{i1} 0$ 表示模型方差存在非对称性。$\sigma_{i,t-1}$ 为正数，当 $\mu_{a,t-1} > 0$，表示受到一个 $(\alpha_{i0} + \alpha_{i1})$ 倍的冲击，$\mu_{i,t-1} < 0$，表示受到一个 $(\alpha_{i0} - \alpha_{i1})$ 倍的冲击。$(R_{bt} - R_{dt})$ 表示外部融资溢价，为回归模型的门限变量。均值方程中其他变量含义与方程(5.20)相同。

2. 样本选取与数据来源

本章的研究样本为在我国境内经营的商业银行，按照银监会的分类，划分为大型商业银行、股份制商业银行、城市商业银行、农村商业银行；其中大型商业银行包括中国工商银行、中国农业银行、中国银行、中国建设银行、交通银行等5家银行，股份制商业银行包括中信银行、光大银行、华夏银行、平安银行(广东发展银行)、深圳发展银行、招商银行、上海浦东发展银行、兴业银行、中国民生银行、恒丰银行、浙商银行、渤海银行等12家银行。鉴于数据的可获性，数据区间选取2005年第1季度—2015年第1季度。其中不同类型商业银行不良贷款率直接来源于中经网，银行间债券市场1年期国债收益率来源于Wind数据库。鉴于本章的季度数据，银行同业拆借利率选取3月期的同业拆借利率，数据直接来源于中经网；1年期存款基准利率根据央行的利率政策公告分别调整计算得出；国有大型商业银行资本充足率、规模、流动性和股份制商业银行资本充足率、规模、流动性根据上述5家和12家银行月度数据加权平均算出;城市商业银行和农村商业银行资本充足率、规模、流动性分别选取典型的28家城商行和典型的35家农商行月度数据加权平均算出。数据来源于《中国金融统计年鉴》、相关行的月报、季报和网站数据。根据我国经济走势,可以把数据区间经济周期划分为三个阶段:2005年1季度—2007年2季度为经济的上升通道;2007年3季度—2008年4季度为经济下行通道;2009年1季度—2015年1季度为经济上升通道。所有数据在分析之前都进行了Census12季节调整,所有估计使用eviews6.0软件实现。

(四)实证结果分析

1. 回归结果分析

(1)基准回归分析。分析结果表明(见表5.1a),商业银行面对利率冲击,的回归系数均通过检验并且与理论模型所预期的正相关关系符合,表明商业银行脆弱性在利率冲击下存在宏观效应。表5.1a还表明,不同类型的商业银行脆弱性在利率冲击下宏观效应存在不同的表现特征,面对相同的利率冲击,国有商业银行脆弱性的宏观效应最大,城市商业银行次之、农村商业银行第三、股份制商业银行最小。

(2)加入控制变量模型扩展分析。分析结果表明(见表5.1b),加入控制变量后,这些控制变量系数值均为负值,与理论模型预期结果相符合。银行规模越大脆弱性程度越低,印证了"大而不会死"的金融原理;流动性指标表明,股份制商业银行脆弱程度最低,流动性管理水平比较高,面对利率冲击,流动性风险较小,比较起来,农村商业银行流动风险就比较高、脆弱度较高;商业周期与商业银行脆弱性高度负相关,吻合金融加速器原理。回归结果表明,这些控制变量系数虽然在经济意义上具有显著的意义,但在统计上没有显著意义;回归结果还表明,相比模型(5.20)回归结果,虽然系数 b_1 有所减小,但并不改变原有的分析结果,说明商业银行脆弱性的宏观效应主要来自利率的冲击。

(3)非线性门限回归分析。唐(Tong)(1978年)最早提出了门限回归理论,汉森(Hansen)(1996、1999、2000)在此基础上经过多次的完善和发展,最终形成了多元面板门限回归模型。其解题思路是将每个门限变量值代入回归模型进行实证分析,选取使得残差平方和为最小的值的门限值,表 5.1c 报告了以 $(R_{bt} - R_{dt})$ 为门限变量的回归结果。结果表明,不同性质的商业银行面对利率冲击的外部融资溢价门限值相同,均为 1.95%。由于选取样本容量有限,本章没有估计和检验回归模型是否存在多个门限值,只估计和检验了回归模型是否存在门限值,借鉴汉森(Hansen)(1996、2000)的检验思路,采用自助抽样法来计算得到估计值。在得到估计值之后,进一步检验回归模型是否存在着门限效应。表 5.1d 分析结果表明,在 5% 的显著性水平下,相应的 P 值拒绝原假设(H_0: $\vartheta_1 = \vartheta_2$,模型不存在门限效应),模型存在门限效应。因此在利率冲击下,商业银行脆弱性的宏观效应存在非线性特征。同时通过表 5.1b 我们可以发现,回归系数 $\beta_1 < \beta_2$,说明当外部融资溢价大于 1.95% 时,商业银行脆弱性的宏观效应比较小,而当外部融资溢价小于 1.95% 时,商业银行脆弱性的宏观效应比较大,暗示商业银行脆弱性的宏观效应具有边际递减的特征。股份制商业银行的这种递减性最明显,农村商业银行的这种递减性最弱。同时回归系数

b 为正值,表明与前面的一般线性回归分析结论一致。

(4)非对称性分析。实证表明(见表 5.1e),商业银行面对利率冲击,非对称项通过检验,表明在利率冲击下,基于脆弱性的商业银行宏观效应存在非对称性。实证结果还表明,面对利率冲击,不同性质的商业银行脆弱性的宏观效应非对称效应存在差异:国有商业银行脆弱性的宏观效应非对称系数为 0.906,当面临下调利率冲击时,$\mu_{t-1}<0$,方差受到 0.485 倍的冲击(|0.421 - 0.906|),当面临上调利率冲击时,$\mu_{t-1}>0$,方差受到 1.327 倍的冲击(|0.421 + 0.906|);股份制商业银行脆弱性的宏观效应非对称系数为 0.511,当面临下调利率冲击时,$\mu_{t-1}<0$,方差受到 0.356 倍的冲击(|0.155 - 0.511|),当面临上调利率冲击时,$\mu_{t-1}>0$,方差受到 0.666 倍的冲击(|0.155 + 0.511|);城市商业银行脆弱性的宏观效应非对称系数为 0.595,当面临下调利率冲击时,$\mu_{t-1}<0$,方差受到 1.6 倍的冲击(|-1.005 - 0.595|),当面临上调利率冲击时,$\mu_{t-1}>0$,方差受到 0.41 倍的冲击(|-1.005 + 0.595|);农村商业银行脆弱性的宏观效应非对称系数为 0.702,当面临下调利率冲击时,$\mu_{t-1}<0$,方差受到 0.581 倍的冲击(|0.121 - 0.702|),当面临上调利率冲击时,$\mu_{t-1}>0$,方差受到 0.823 倍的冲击(|0.121 + 0.702|);研究结果表明,面对下调的利率冲击时,城市商业银行受到的方差冲击最大,农村商业银行其次,国有商业银行第三,股份制商业银行最小;面对上调的利率冲击时,国有商业银行受到的方差冲击最大,农村商业银行其次,股份制商业银行第三,城市商业银行最小。

表 5.1 方程回归结果

a：基准回归分析

(n = 41)

	β_0	β_1	调整的 R^2	F 统计量	$D-W$ 值
国有商业银行	7.351***	0.787***	0.75	12.099	1.25
股份商业银行	2.635***	0.251***	0.74	11.64	1.17
城市商业银行	4.978***	0.543***	0.86	10.17	1.05
农村商业银行	4.936***	0.421***	0.97	20.07	1.47

b：扩展模型分析

(n = 41)

	β_0	β_1	β_2 (size)	β_3 (liqud)	β_4 (cycle)
国有商业银行	7.158***	0.694***	-0.061	-0.117	-0.251*
股份商业银行	2.614***	0.245*	-0.087	-0.081	-0.247*
城市商业银行	4.497***	0.519***	-0.101	-0.136	-0.219
农村商业银行	4.852***	0.417***	-0.147	-0.143	-0.197

c：门限回归分析

(n = 41)

	β_0	β_1	β_2	调整的 R^2	F 统计量
国有商业银行	8.066**	0.025***	0.072**	0.89	39.45
股份制商业银行	9.084***	0.036***	0.094***	0.91	75.23
城市商业银行	6.373***	0.012***	0.018***	0.75	20.54
农村商业银行	5.004***	0.005***	0.009**	0.79	17.12

d：门限变量的估计结果

(n = 41)

	用外部融资溢价代表门限变量			
	门限值	最小残差平方和	F 统计量	P 值
国有商业银行	1.95%	0.2112	4.79	0.043
股份制商业银行	1.95%	0.3612	7.68	0.049

续表

	门限值	最小残差平方和	F 统计量	P 值
城市商业银行	1.95%	0.4213	9.37	0.037
农村商业银行	1.95%	0.5389	15.34	0.024

e:EGARCH 回归分析

(n = 41)

	均值方程		方差方程			
	π_0	π_1	ω	β_0	α_0	α_1
国有商业银行	0.211**	0.451***	-3.089**	3.273***	0.421*	0.906***
股份制商业银行	0.084***	0.336***	-1.294***	-0.233***	0.155**	0.511*
城市商业银行	0.373***	0.372***	-3.896***	1.723	-1.005**	0.595*
农村商业银行	0.004	0.837***	-1.601**	1.279	0.121*	0.702**

注:*** 为 1% 显著性水平,** 为 5% 显著性水平,* 为 10% 显著性水平。

2. 模型稳健性检验

为了确保上述结果的可靠性,本章采用"银行不良贷款率"单一指标替代"银行脆弱性"作为回归方程的因变量,用 6 个月定期基准存款利率替代 1 年定期基准存款利率作为利率的冲击变量进行稳健性检验(见表 5.2a)。另外,考虑到在样本区间内,我国货币政策(利率)具有显著的操作周期,必然会导致银行外源性融资溢价具有一致的周期性(2005 年一季度至 2008 年四季度,我国银行外部融资溢价处于上升通道,2008 四季度至 2010 年四季度,我国银行外部融资溢价处于下降通道),因此本章采用 CHOW 分割点来检验不同的子样本估计方程是否具有显著的差异(见表 5.2b)。出于篇幅的考虑,现就式(5.20)的回归结果给出简单的报告。从表 5.2a 可以看到,CHOW 分割点检验结果与前文回归结果没有明显区别,虽然模型回归系数略微发生变化,但不影响研究结论。表 5.2b 的 Chow 分割点检验表明,方程(5.20)无显著的结构变化。稳健性检验结果表明,本章的实证研究结果是稳健与可靠的。

表 5.2 稳健性检验
(n = 41)

a:用"银行不良贷款率"替代脆弱性程度指标时方程(5.20)回归分析

	β_0	β_1	调整的 R^2	F 统计量	$D-W$ 值
国有商业银行	7.551***	0.625***	0.73	11.247	1.16
股份制商业银行	2.442**	0.248***	0.69	10.51	1.07
城市商业银行	4.807***	0.519***	0.79	11.77	1.32
农村商业银行	5.136***	0.483***	0.91	19.97	1.45

b:用 Chow 分割点对方程(5.20)检验回归分析
(n = 41)

	分割点:2008Q4	
	F 统计量	LR 统计量
国有商业银行	141.038***	83.483***
股份制商业银行	37.161***	43.635***
城市商业银行	21.208***	30.581***
农村商业银行	40.638***	45.958*** *

注:*** 为 1% 显著性水平,** 为 5% 显著性水平,* 为 10% 显著性水平。

(五)研究结论和政策建议

实证结果表明,在利率市场化下,面对利率的冲击,我国的商业银行基于脆弱性存在宏观效应,但不同类型的商业银行基于脆弱性的宏观效应存在显著差异。国有商业银行鉴于其业务目标的多重性,极易得到政府部门的隐性担保,使得其脆弱性宏观效应最大。股份制商业银行鉴于其科学合理的治理结构以及实现股东价值最大化的追求,其脆弱性宏观效应最小。门限回归模型表明在利率冲击下,我国商业银行脆弱性的宏观效应存在门限效应,说明利率冲击下的商业银行脆弱性的宏观效应存在非线性特征,并且不同类型的商业银行脆弱性非线性特征存在差异。通过门限分析我们还发现,我国商业银行脆弱性的宏观效应存在边际效应递减特征。EGARCH模型实证结果表明,在利率冲击下,我国商业银行脆弱性的宏观效应存在典型的非对称性,面对下调的利率冲击时,城市商业银行更容易受到冲击,面对上调的利率冲击时,国有商业银行更容易受到冲击。研究结论对中央银行在制定和实施货币政策尤其是采用利率政策进行宏观调控时具有重要的指导意义。为了避免因利率冲击引发金融脆弱性进而造成宏观经济的波动,建议央行在制订利率政策时,应充分考虑不同时段对不同性质的金融机构的影响,当银行外源性融资溢价处于高位状态时,此时银行脆弱性的宏观效应比较小,央行可以采取比较激进的宽松手段对经济进行宏观调控;而当银行外部融资溢价处于低位状态时,此时银行脆弱性的宏观效应比较大,央行这时必须采用微调的方式进行,增强市场主体的预期,避免剧烈操作造成的不必要的动荡;与此同时,在利率政策操作过程中,应该采取差异化的策略,对不同性质的金融机构实行不对等操作,提高央行货币政策的精准性、有效性和全面性。

本章小结

本章以利率市场化理论为指导,探讨利率市场化对金融脆弱性的影响,重点检验金融脆弱性的宏观效应。利用2005年1季度—2015年1季度数据,基于金融加速器原理检验了利率市场化对我国金融脆弱性的冲击。研究结果表明,面对利率冲击,不同类型商业银行脆弱性不仅存在差异显著的宏观效应,并且还呈现出显著的非线性、非对称性差异特征。相应的政策含义是央行在货币政策尤其是利率政策的制订和实施过程中,应该根据外部融资溢价的状态相机决策,采取差异化不对等的操作手段,以提高货币政策的精准性、有效性和全面性。

六 信贷错配与金融脆弱性的宏观效应

(一) 引 言

经典经济理论认为,在完全竞争市场中,价格是配置市场资源最有效率的机制,利率作为货币的价格,在完美的瓦尔拉斯一般均衡模型中,是商业银行调节资金配置最有效率的工具。然而,信贷市场有别于一般的标准市场,往往不能单纯依赖价格机制。这是因为,信贷市场所呈现出来的不完美性、信息的不完备性以及资金的稀缺性,要求银行不仅要考虑价格(利率)因素,而且还要考虑贷款偿付的概率。信贷市场固有属性决定了利率机制和配给机制共同起作用,信贷市场的供给关系往往是不均衡的,并且这种不均衡呈现常态化。2007年美国爆发的次贷危机和2011年我国民营企业的"钱荒"就是这种常态化极端表现的缩影。这种信贷市场行为偏离均衡状态的典型表现,共同的根源就在于商业银行常态化的信贷错配。信贷错配是一种在全球普遍存在的经济现象,是典型的金融资源配置不合理的表现,这一现象在发展中国家和新兴经济体中变现的尤为突出。我国也不例外,商业银行常态化信贷错配突出表现就是"二元"信贷错配,即商业银行对国有企业和民营企业的信贷行为上存在信贷供给的巨大差异。

信贷资源错配导致大量低价的金融资源向风险极大的劣质"僵尸"企业倾斜,这不仅挤占了优质企业的金融资源,抑制了好企业的发展,还放大了金融机构的风险,容易引发金融脆弱性。鲁晓东(2008)、张佩等(2012)、余婧(2012)等研究发现,鉴于我国国有控制型金融体系现状,国有企业能得到政府强有力的金融支持,结果是:大量金融资源流向低效率或无效的国有企业,原本需要从商业银行获得资金支持的民营企业非但没有获得金融支持,反过来却通过商业信贷向国有企业提供资金。这种角色的错位更加加剧了民营企业融资难问题,进一步扭曲了金融资源的配置,影响了银行资源运用效率。顾海峰(2013)研究发现,信息不对称促使商业银行实施信贷配给,结果是商业银行信贷资金的供给没有遵循市场化机制,大量信贷资金流向效率低下的企业,导致信贷资金配置效率缺失,容易引发银行风险。徐璐、钱雪松(2013)研究表明,信贷热潮不仅自身会降低银行体系稳健性,而且倾向于加大金融体系结构特征对银行脆弱性的负面影响。中国人民银行内江市中心支行课题组(2016)研究发现,银行信贷资源错配成为产能过剩背后的"推手",加剧了产能过剩现状。而产能过剩风险又会导致银行信贷资产质量日渐恶化,不良贷款率持续攀升,影响区域金融稳定。

伯南克、格特勒和克里斯特(Bernake、Gertler and Gilchrist)(1996)提出了金融加速器概念,即分析最初的微小冲击通过信贷市场导致宏观经济波动被放大的宏观效应。此后,国内外学者掀起了这方面的研究高潮。通过梳理现有文献,发现现有研究大多是将BGG模型嵌入随机动态一般均衡(DSGE)的框架下,假定银行是完美的,没有考虑银行的脆弱性。事实上,过去20多年里,由于金融自由化和经济全球化步伐的加快,一些国家和地区频频出现了金融市场动荡、金融脆弱性频发的现象,商业银行不再是无资产约束的"完美"个体。与此同时,现有研究未考虑到企业异质性,这与当下我国信贷市场"二元"结构存在明显不一致性。基于此,借鉴阿斯皮克、古德哈特和特莫克斯(Aspachs、Goodchart and Tsomocos)(2006)关于金融脆弱性的研究,引入常态化信贷错配,构建带有金融加速器[①]机制的DSGE模型。主流DSGE模型由于将货币政策纳入其分析框架,所以大多以DNK理论为基础。根据研究目的,通过对传统DNK-DSGE理论模型的扩展主要回答以下三个核心问题:

(1)信贷错配和金融脆弱性特征叠加下的宏观效应是否存在显著性差异?

(2)信贷错配和金融脆弱性特征叠加下的宏观效应面对外部冲击时否存在显著差异?

(3)信贷错配和金融脆弱性特征叠加下的宏观效应具有怎样的传递性和持续性?

本章的新意在于:(1)同时放松了"完美银行"和企业同质的隐含假设,同时考虑了企业信贷错配和金融脆弱性特征,使得DNK-DSGE模型更加符合现实经济,增强了理论模型的解释力;(2)首次通过对金融市场不同约束条件的假设,实证检验了金融脆弱性宏观效应显著性差异。

---

① 定义金融加速器为企业杠杆率/企业外部融资溢价率。其中企业杠杆率为企业融资额/企业净值,企业外部融资溢价率为企业外部融资收益率/企业外部融资成本。

（二）考虑金融脆弱性的银行与企业最优行为分析

银行是一种高负债经营的企业，在经营过程中会因为种种意外的冲击引发诸多风险，甚至一些冲击会引致银行破产，最直接后果是"银行违约"，一般用违约概率 $\mu^b(0<\mu^b<1)$ 来表示。μ^b 越大，表示银行脆弱性越大，反之，银行脆弱性越小。

假设银行存在资本约束，在 t 期，其资产负债表恒等式为：

$$资产(B_t) = 负债(D_t) + 所有者权益(E_t) \tag{6.1}$$

生产企业 j（$j=1$，表示国有企业，$j=2$ 表示民营企业，为便于加总，假设两类企业具有相同的劳动生产技术）在 t 时期末以自有资金 N_{t+1}^j 和筹措的外源性资金 B_{t+1}^j，按照市场价格 q_t 购买单位资本 K_{t+1}^j 供 $t+1$ 时期使用。企业 j 在 $t+1$ 时期投资回报率为 $w^j r_{t+1}^k$，r_{t+1}^k 表示平均投资回报率，w^j 表示个体企业风险，是一个独立同分布连续的随机变量，其一阶可微的分布函数为 $F(\omega)$，与 r_{t+1}^k 无关，满足 $w^j \geq 0$，$E\{w^j\}=1$。银行通过负债 (D_t) 和所有者权益 (E_t) 以 i_{t+1}^j 的利率向企业 j 提供数量的贷款。假设因为经济周期的影响，企业经营困难出现财务状况恶化无法偿还银行贷款，银行由于收不回贷款本息，只能申请对企业破产清算来获得部分补偿以降低损失。假如企业破产清算价值表示为 $\omega^j r_{t+1}^k q_t K_{t+1}^j$，鉴于信息不对称、代理成本的存在，银行需要支付一定的审计成本 $u\omega^j r_{t+1}^k q_t K_{t+1}^j$，则银行实际获得净收益为 $(1-u)\omega^j r_{t+1}^k q_t K_{t+1}^j$。

假定外生经济冲击临界值为 $\bar{\omega}^j$，当 $\omega^j = \bar{\omega}^j$ 时，企业贷款投资收益正好等于偿还银行贷款，企业期末净利润为零，满足无套利条件：

$$\bar{\omega}^j r^k_{t+1} q_t K^j_{t+1} = i^j_{t+1} B^j_{t+1} \tag{6.2}$$

当 $\omega^j > \bar{\omega}^j$ 时,企业投资收入足以归还贷款,且存在超额收益 $\omega^j r^k_{t+1} q_t K^j_{t+1} B^j_{t+1}$;反之,当 $\omega^j < \bar{\omega}^j$ 时,企业因收不抵支而宣布破产。

1. 违约概率与银行最优契约安排

商业银行在进行贷款发放时,除了考虑贷款的收益外,还必须考虑企业违约可能带来的损失,因此可以用贷款的违约概率代表银行的风险偏好。当银行具有较强的贷款发放冲动时,银行的风险偏好增强,愿意冒险去获取更高的利润水平而承担更大的违约风险,此时银行脆弱性就越大。Goodhart、Hofmann and Segoviano(2006)认为,一旦银行陷入"挤兑困境",就会对银行声誉、品牌、口碑等无形资产造成不可挽回的恶劣影响,稍微不慎会有破产风险,在收益上可视为因银行违约而导致的违约处罚。① 在银行存在资本约束时,银行违约损失表示为:违约损失 = 风险暴露 * 违约概率 * 违约罚款 = $B^j r^* \mu^b \lambda^b$,其中,r^* 表示存款利率,λ^b 代表每单位违约银行需要承担的各类隐性的货币化损失。

首先讨论银行如何确定最优契约安排下的贷款利率,合理假设银行能通过资产组合消除非系统性风险,那么只考虑系统性风险下银行与企业关于贷款利率的最优契约安排。

当整个经济体存在系统性风险时,企业行业平均收益率 r^k_{t+1} 是不确定的,在现有的贷款数量 B^j_{t+1} 和投资规模 $q_t K^j_{t+1}$ 约束下,银行和企业经过充分协商后会约定一个最优的贷款利率 i^j_{t+1},则考虑违约损失之

---

① 违约处罚是一个广义的概念,不仅包括监管部门的经济上的罚款金额,还包括银行违约需要承担的名誉损失以及市场准入限制等隐性的经济损失。

后银行 B 的预期净收益为：

$$E\pi_{t+1}^b = \{[1-F(\overline{\omega}^j)]\overline{\omega} + (1-u)\int_0^{\overline{\omega}^j}\omega dF(\omega)\}E(r_{t+1}^k)q_tK_{t+1}^j$$
$$- (D+E)r - \lambda_b\mu^b rB^j \tag{6.3}$$

其中，$\{[1-F(\overline{\omega}^j)]\overline{\omega} + (1-u)\int_0^{\overline{\omega}^j}\omega dF(\omega)\}E(r_{t+1}^k)q_tK_{t+1}^j$ 代表银行的预期收益，$(D_{t+1}+E_{t+1})r$ 代表贷款的机会成本，$\lambda_b\mu^b rB_{t+1}^j$ 代表银行因违约而遭受的违约损失。结合式(6.1)和 $B_{t+1}^j = q_tK_{t+1}^j - N_{t+1}^j$，最优契约安排下的临界冲击值 $\overline{\omega}^j$ 满足如下无套利条件：

$$\{[1-F(\overline{\omega}^j)]\overline{\omega} + (1-u)\int_0^{\overline{\omega}^j}\omega dF(\omega)\}E(r_{t+1}^k)q_tK_{t+1}^j$$
$$- \lambda_b\mu^b r(q_tK_{t+1}^j - N_{t+1}^j) = r(q_tK_{t+1}^j - N_{t+1}^j) \tag{6.4}$$

式(6.4)表明，$\overline{\omega}^j$ 大小取决于违约概率 μ^b 和 r_{t+1}^k 的事后值，根据式(6.2)，可得银行确定的最优贷款利率为：

$$i_{t+1}^j = \overline{\omega}^j E(r_{t+1}^k)q_tK_{t+1}^j / B_{t+1}^j。$$

2. 违约概率与企业最优投资规模

根据上节内容，在给定状态的最优借款契约下，根据式(6.2)，可得企业贷款的预期收益，这也是企业家的目标函数：

$$Ep_{t+1}^j = \{\int_{\overline{\omega}^j}^{\infty}\omega^j dF(\omega^j) - [1-F(\overline{\omega}^j)]\overline{\omega}^j\}E(r_{t+1}^k)q_tK_{t+1}^j \tag{6.5}$$

此处的预期收益 $E\pi_{t+1}^j$ 由随机变量 $E(r_{t+1}^k)$ 决定，结合式(6.4)，可以得到企业家的最优化问题：

$$\max_{\overline{\omega}^j,q_tK_{t+1}^j} E\pi_{t+1}^j = \{\int_{\overline{\omega}^j}^{\infty}\omega^j dF(\omega^j) - [1-F(\overline{\omega}^j)]\overline{\omega}^j\}E(r_{t+1}^k)q_tK_{t+1}^j$$
$$\tag{6.6}$$

$$\text{st} \left\{ [1 - F(\bar{\omega}^j)]\bar{\omega} + (1-u)\int_0^{\bar{\omega}^j} \omega dF(\omega) \right\} E(r_{t+1}^k) q_t K_{t+1}^j$$

$$- \lambda_b \mu^b r(q_t K_{t+1}^j - N_{t+1}^j)$$

$$= r(q_t K_{t+1}^j - N_{t+1}^j) \qquad (6.7)$$

上述企业最大化问题容易求解①,现在记外部融资风险升水 $s \equiv E(r^K/r^*)$,表示预期资本回报相对于银行机会成本的溢价;企业融资杠杆系数为 $k \equiv qK/N$,表示企业总投资与净资产比;下面构造 λ 条件下的拉格朗日函数:

$$L(\bar{\omega}, \lambda, k) = \left\{ \int_{\bar{\omega}^j}^{\infty} dF(\omega^j) - [1 - F(\bar{\omega}^j)\bar{\omega}^j] \right\} sk + \lambda \left\{ [1 - F(\bar{\omega}^j)]\bar{\omega} \right.$$

$$\left. + (1-u)\int_0^{\bar{\omega}^j} \omega df(\omega) \right\} sk - (\lambda_b \mu^b + 1)(k - 1) \right\} \qquad (6.8)$$

最大化问题内点解的最优一阶条件为:

$$\bar{\omega}: 1 - F(\bar{\omega}) - \lambda[(1 - F(\bar{\omega})) - u\bar{\omega}F(\bar{\omega}) - \mu^b \lambda_b(k-1)] = 0$$

$$k: \left\{ \left[1 - \int_0^{\bar{\omega}} \omega dF(\omega) - \bar{\omega}\int_{\bar{\omega}}^{\infty} dF(\omega)\right] + \lambda\left[\int_0^{\bar{\omega}} \omega dF(\omega)\right.\right.$$

$$\left.\left. + \bar{\omega}\int_{\bar{\omega}}^{\infty} dF(\omega) - u\bar{\omega}F(\bar{\omega})\right]\right\} s - \lambda(\mu^b \lambda_b + 1) = 0$$

$$\lambda: \left[\int_0^{\bar{\omega}} \omega dF(\omega) + \bar{\omega}\int_{\bar{\omega}}^{\infty} dF(\omega) - u\bar{\omega}F(\bar{\omega})\right] sk$$

$$- (\mu^b \lambda_b + 1)(k - 1) \right\} = 0 \qquad (6.9)$$

式(6.9)给出了局部均衡状态下企业与银行的最优行为关系,揭示了银行违约概率、企业融资杠杆系数、风险临界值、投资规模和资金需求之间的对应关系。

---

① 具体计算过程参见 Bernake. Gertler & Gilchrist(1999)。

(三)DSGE 基本模型、数据及指标说明

通过对上述局部均衡模型的推导可知,一些经济变量包括企业行业平均收益率 r_{t+1}^k、银行无风险利率水平等都是外生给定的,接下来将上述局部均衡模型嵌入 DNK—DSGE 模型框架,将这些变量内生化。

1. 模型描述

参照和借鉴伯南克(Bernanke)(1999)、艾尔兰德(Ireland)(2003)、克里斯坦森和迪波(Christensen and Dib)(2008)建模思路,构建了封闭经济下的动态随机一般均衡模型,将国有企业和民营企业的"二元"借贷错配特征嵌入模型。模型包括六个部门:居民、生产企业、零售商、资本品部门、银行及货币当局。居民在初始财富约束下,在存续期内工作、消费和储蓄;企业风险为中性,且生产函数服从柯布－道格拉斯生产函数,在生存期内生产商品、融资,由于商业银行对国有企业与民营企业的融资存在歧视,因此在同样的杠杆水平下,商业银行会对这两类企业确定不同的利率水平。假设企业融资规模与企业大小规模正相关,并将企业划分为国有企业和民营企业,则企业融资总规模为国有企业融资规模与民营企业融资规模的加权平均;零售商的作用在于价格粘性的假设,在完全竞争市场上购买商品并在垄断竞争市场上分发零售;资本品部门从零售商购买部分最终产品后再生产有效投资品;鉴于商业银行自身杠杆率和外部金融环境影响,商业银行在考虑贷款项目预期回报的同时,还需考虑由于项目违约所带来的一切损失;货币当局根据泰勒规则调整名义利率;所有的商品销售不仅可以满足消费、投资、政府购买,还可以抵补商业银行的审计成本。整

个模型要实现系统均衡,需要得到居民、生产企业、零售商、金融机构和货币供给规则的最优条件。借助 matlab 软件可得到如下对数线性均衡方程系统。

家庭期望效用最大化转移方程:

$$[(1-\gamma)\lambda c - 1]\hat{c}_t = \gamma \hat{\lambda}_t + \frac{\lambda m(R-1)}{R}[\hat{b}_t + (\gamma-1)\hat{m}_t] - \gamma \hat{e}_t$$

(6.10)

$$\frac{\lambda \hat{R}_t}{R-1} = \hat{b}_t + \hat{c}_t - \hat{m}_t \qquad (6.11)$$

$$h\hat{h}_t = (1-h)(\hat{w}_t + \hat{\lambda}_t) \qquad (6.12)$$

$$\hat{\lambda}_{t+1} = \hat{\lambda}_t - \hat{R}_t + \hat{\pi}_{t+1} \qquad (6.13)$$

其中,式(6.10)代表拉格朗日乘子,式(6.11)代表最优货币需求条件,式(6.12)代表工作、闲暇与消费之间权重的最优条件,式(6.13)代表跨期消费的欧拉方程。

工资方程:$\hat{w}_t = \hat{y}_t + \hat{\xi}_t^h - \hat{h}_t$ (6.14)

资本边际生产率方程:$\hat{z}_t = \hat{y}_t + \hat{\xi}_t^h - \hat{k}_t$ (6.15)

外部融资溢价率方程:$\hat{f}_{t+1} = (\hat{R}_t - \hat{\pi}_{t+1}) + (\frac{f_1\psi_1 + f_2\psi_2}{f})(\hat{q}_t + \hat{k}_{t+1})$

$-\hat{\pi}_{t+1})$ (6.16)

外部融资溢价率转移方程:$\frac{\hat{n}_{t+1}}{vf} = \frac{k}{n}\hat{f}_t - (\frac{k}{n} - 1)(\hat{R}_t - \hat{\pi}_{t+1}) +$

$(\frac{f_1\psi_1 + f_2\psi_2}{f})(\frac{k}{n} - 1)(\hat{k}_t + \hat{q}_{t-1}) + [\frac{f_1\psi_1 + f_2\psi_2}{f}(\frac{k}{n} - 1) + 1]\hat{n}_t + (\frac{k}{n} - 1)(\hat{\varepsilon}_{t+1}) - \hat{\varepsilon}_t$

(6.17)

新凯恩斯菲利普斯曲线方程:$\hat{\pi}_t = \beta E_t \hat{\pi}_{t+1} + (\frac{(-\beta\phi)(1-\phi)}{\phi})\hat{\xi}_t$

(6.18)

总资本存量方程:$\hat{k}_{t+1} = \delta \hat{i}_t + \delta \hat{x}_t + (1-\delta)\hat{k}_t$ (6.19)

资本价格方程:$\hat{q}_t = x(\hat{i}_t - \hat{k}_t) - \hat{x}_t$ (6.20)

货币政策方程:$\hat{R}_t = Q_\pi \hat{\pi}_t + Q_\mu \hat{\mu}_t + Q_y \hat{y}_t + Q_s \hat{\varepsilon}_t + \varepsilon_{Rt}$ (6.21)

货币增长方程:$\hat{l}_t = \hat{m}_t - \hat{m}_{t-1} + \hat{\pi}_t$ (6.22)

总供给方程:$\hat{y}_t = a\hat{k}_t + (1-\alpha)\hat{h}_t + (1-\alpha)\hat{A}_t$ (6.23)

总需求方程:$\hat{y}_t = \dfrac{c}{y}\hat{c}_t + \dfrac{i}{y}\hat{i}_t + \lambda_b \mu_b \dfrac{D^d}{y} d^d + \phi_t^y$ (6.24)

信贷市场均衡:$B_t = D_t + E_t$ (6.25)

$$k_{t+1} = (\phi'I/K)i_t + (1-\phi'I/K)k_t$$

稳态路径:$n_{t+1} = \dfrac{\gamma K}{N}\{R(r_t^k - r_t - \lambda_b \mu^b) + \int_0^{\bar{\omega}} \omega dF(\omega)\left[\dfrac{R^k}{r - \lambda_b \mu^b} - 1\right]^*$

$[r_t^k + k_t + q_{t-1} + \dfrac{r_t^k + \lambda_b \mu^b + n_t}{K/N} + \dfrac{(1-\alpha)(1-\Omega)}{\gamma K/N} y_t]\}$ (6.26)

同时考察 5 种外生冲击,即利率冲击 ε_{Rt}、货币需求冲击 ε_{mt}、技术冲击 ε_{At}、消费偏好冲击 ε_{et}、投资效率冲击 ε_{xt}。利率冲击在式(6.21)已经给出,余下冲击表达式如下:

货币需求冲击:$b_t = \rho_B b_{t-1} + \varepsilon_{bt}$ (6.27)

技术冲击:$A_t = \rho_A A_{t-1} + \varepsilon_{At}$ (6.28)

消费偏好冲击:$e_t = \rho_e e_{t-1} + \varepsilon_{et}$ (6.29)

投资效率冲击:$x_t = \rho_A x_{t-1} + \varepsilon_{xt}$ (6.30)

2. 指标解释

上述方程含有 20 个变量,分别是消费 c_t、产出 y_t、投资 i_t、利率 R、货币供给 m_t、货币需求 b_t、消费预算约束下拉格朗日乘子 λ、资本存量 k_t、资产边际生产率 z_t、资本价格 q_t、外部融资溢价率 f_t、技术 A_t、投资

效率 x_t、国内生产函数约束下拉格朗日乘子 ξ_t^h、工资 w_t、劳动供给 h_t、净资产 n_t、消费偏好 e_t、货币增长率 μ_t、国内通货膨胀 π_t。其中 $\hat{x}^t = \log \frac{X_t}{X}$ 定义为变量值与稳态值的偏离,X_t 为上述各变量值,X 为上述各变量稳态值。包含 28 个参数,分别是贴现率 β、产出中资本所占比例 α、资本折旧率 δ、效用函数闲暇权重 η、中间产品的替代弹性 q、与货币需求冲击相关常量 b、企业项目风险 v、商业银行低违约概率下的违约损失 lm^b、家庭劳动份额 Ω、企业存活率 n、外部融资风险升水 s、稳态下通货膨胀率 p、消费占产出比率 c/y、投资占产出比率 i/y、企业资本对净资产比率 k/n、企业破产率 $F(\bar{W}')$、相对风险溢价 $r^k - R$、风险升水的杠杆率弹性系数 y、资本品调整成本 c、消费和货币替代弹性 g、零售商不调整价格概率 F、货币政策对货币增长的反应系数 Ω_m、货币政策对通胀的反应系数 Q_p、货币政策对产出波动的反应系数 Q_y、货币需求冲击系数 r_B、技术冲击系数 r_A、投资效率冲击系数 r_X、消费偏好冲击系数 r_e。

3. 数据说明

根据数据可获性,选取 2006 年 1 季度—2015 年 4 季度的国内生产总值(y_t)、固定资产投资(i_t)、基础货币(m_t)、央行一年期基准利率(R_t)、消费者价格指数(p_t)、社会零售品销售总额(c_t)。上述数据来源于中经网数据库、国家统计局和央行网站。为消除价格因素的影响,利用消费价格指数将相关数据的名义值转化为实际值。所有数据波动部分经过计量软件设定平滑参数为 1600 的 HP 滤波处理得到。

(四)模型检验与参数估计

1. 参数校准

本章参照现有文献通常做法,将部分非估计参数参照国内外现有文献直接给出(见表6.1),这里不再一一赘述。

表6.1 模型校准参数值

参数变量	参数变量描述	参数数值	模型校准值来源说明
β	贴现因子	0.98	Iacoviello(2005、2010);鄢莉莉、王一鸣(2012)
α	产出中资本所占份额	0.33	刘斌(2008);仝冰(2010)
δ	资本折旧率	0.025	龚六堂(2004);崔光灿(2005);Iacoviello(2005、2010)
η	效用函数闲暇的权重	1.315	Hafstead and Smith(2012)
θ	中间产品的替代弹性	6	Bernake(1999);Gertler et al(2003)
b	与货币需求冲击相关常量	0.92	刘斌(2008)
ω	企业项目风险	0.2747	杜清源、龚六堂(2005);宋玉华、李泽祥(2007)
$\lambda\mu^b$	商业银行违约损失	1.1	杜清源、龚六堂(2005);宋玉华、李泽祥(2007)
Ω	家庭劳动份额	0.99	张杰平(2012)
ν	企业存活率①	0.9745	尹金文(2014)

① 根据国有企业与民营企业的存活率的加权计算,根据2014年国有企业与民营企业规模得到国企权重为0.54,民企权重为0.46,数据来源于《中国统计年鉴2015》。

续表

参数变量	参数变量描述	参数数值	模型校准值来源说明
s	外部融资风险升水	1.0075	Hafstead and Smith(2012)
$F(\bar{\omega}')$	企业破产率①	0.03	杜清源、龚六堂(2005);宋玉华,李泽祥(2007)
$r^k - R$	相对风险溢价	0.01	杜清源、龚六堂(2005);宋玉华,李泽祥(2007)
π	稳态下通货膨胀率	1.025	杜清源、龚六堂(2005);宋玉华,李泽祥(2007)
k/n	企业资本对净资产比率	1.92	杜清源、龚六堂(2005);宋玉华,李泽祥(2007)
c/v	消费占产出比率	0.45	杜清源、龚六堂(2005);宋玉华,李泽祥(2007)
D^d/y	信贷占产出比	0.024	朱莉莉(2011)
i/y	投资占产出比率	0.5856	杜清源、龚六堂(2005);宋玉华,李泽祥(2007)

2. 参数估计

余下的非校准参数变量由模型估计得到,采用通行的贝叶斯估计法对 DSGE 模型进行参数估计。② 这些参数的先验分布值参照已有文献常用的分布给定斯梅茨和武泰(Smets & Wouters,2007),参数值估计由软件 Dynare4.3.0 根据相应算法模拟后验分布得到。

---

① 根据国有企业与民营企业的破产率的加权计算,根据 2014 年国有企业与民营企业规模得到国企权重为 0.54,民企权重为 0.46,数据来源于《中国统计年鉴 2015》。
② 贝叶斯方法原理具体描述和运用参见仝冰(2010)。

表6.2估计结果表明,估计值为0.064,代表金融加速器大小,表明当企业融资杠杆率变动1%时,外部融资风险升水相应变动0.064%。表6.2还表明货币增长反应系数、货币政策通胀反应系数、产出波动的反应系数分别为0.718、1.985、0.541,即货币增长率、通货膨胀、产出等变量在控制其他变量不变的情况变动1%,名义利率将变动0.718%、1.985%、0.541%。

表6.2 部分参数的贝叶斯估计结果

参数变量	参数含义	先验分布	先验均值	后验均值	置信区间	后验标准差
ψ	风险升水的杠杆率弹性系数	Beta (0.04,0.01)	0.051	0.064	(0.052,0.064)	0.05
χ	资本品调整成本	Beta (0.82,0.05)	0.82	0.889	(0.842,0.936)	0.06
φ	零售商不调整价格的概率	Beta (0.8,0.05)	0.75	0.812	(0.748,0.863)	0.025
γ	消费和货币余额替代弹性	Beta (0.06,0.02)	0.06	0.029	(0.023,0.034)	0.01
Q_π	货币政策对通胀的反应系数	Normal (1.4,0.1)	1.4	1.985	(1.413,2.056)	0.01
Q_μ	货币政策对货币增长的反应系数	Normal (0.7,0.1)	0.7	0.718	(0.641,0.734)	0.013
Q_y	货币政策对产出波动的反应系数	Beta (0.34,0.2)	0.34	0.541	(0.465,0.611)	0.013
ρ_A	技术冲击系数	Beta (0.85,0.075)	0.84	0.871	(0.751,0.881)	0.09
ρ_B	货币需求冲击系数	Beta (0.85,0.075)	0.84	0.426	(0.321,0.561)	0.08
ρ_e	消费偏好冲击系数	Beta (0.85,0.075))	0.84	0.884	(0.722,0.913)	0.016
ρ_x	投资效率冲击系数	Beta (0.78,0.13)	0.78	0.452	(0.321,0.582)	0.13

3. 模型检验

表6.3给出了不同金融市场约束条件下的三模型似然比数值,充分证明在5%的临界值下,传统DNK-DSGE模型、信贷错配特征DNK-DSGE模型与信贷错配和金融脆弱性特征叠加的DNK-DSGE模型皆显著接受含金融加速器机制的假设检验,证明我国宏观经济波动确实存在金融加速器效应,表明微小冲击具有对我国经济产出波动不可忽视的影响。表6.3还表明,从金融加速器的估计值来看,信贷错配和金融脆弱性特征叠加的DNK-DSGE模型金融加速器效应估值最大,说明其宏观效应最为显著,表明微小外界冲击经由企业资产债表和金融机构资产负债表双重放大或收缩,对经济周期波动产生巨大的作用;其次是传统DNK-DSGE模型,但其金融加速器效应要大于伯南克(Bernanke)(1999)估计的0.05,说明我国金融市场金融摩擦要高于美国金融市场的金融摩擦;而信贷错配特征DNK-DSGE模型金融加速器效应估计值最小,这与余雪飞、宋清华(2013)估计结果一致,说明"二元"信贷错配的存在,使得我国整体外部融资风险升水的杠杆率弹性被严重低估。通过表6.3,还可以看出,在不同模型下,货币政策相应反应系数具有和金融加速器效应类似的情况。

表6.3 不同模型下金融加速器、似然值、似然比

参数	含义	传统DNK-DSGE模型	信贷错配特征的DNK-DSGE模型	信贷错配、金融脆弱性特征叠加的DNK-DSGE模型
ψ	风险升水的杠杆率弹性系数	0.057	0.0362	0.064
L	似然值	-710.93	-943.78	-659.85
D	似然比	10.52	7.97	11.62

表6.4 不同模型下参数估计值

参数	含义	传统 DNK-DSGE 模型		信贷错配特征的 DNK-DSGE 模型		信贷错配、金融脆弱性特征叠加的 DNK-DSGE 模型	
		后验均值	后验标准差	后验均值	后验标准差	后验均值	后验标准差
ψ	风险升水的杠杆率弹性系数	0.057	—	0.0362	0.01	0.064	0.04
χ	资本品调整成本	0.861	0.05	0.751	0.05	0.887	0.06
ϕ	零售商不调整价格的概率	0.806	0.012	0.742	0.012	0.812	0.02
γ	消费和货币余额替代弹性	0.026	0.01	0.024	0.01	0.028	0.01
Q_π	货币政策对通胀的反应系数	1.6629	0.01	1.5458	0.01	1.985	0.01
Q_μ	货币政策对货币增长的反应系数	0.707	0.013	0.701	0.013	0.718	0.013
Q_y	货币政策对产出波动的反应系数	0.394	0.013	0.391	0.013	0.541	0.013
ρ_A	技术冲击系数	0.859	0.079	0.822	0.079	0.872	0.10
ρ_R	货币需求冲击系数	0.408	0.079	0.375	0.079	0.423	0.10
ρ_e	消费偏好冲击系数	0.874	0.018	0.855	0.016	0.882	0.017
ρ_x	投资效率冲击系数	0.438	0.13	0.324	0.13	0.451	0.13

(五)模拟结果及分析

本章通过对传统 DNK – DSGE 模型的扩展,以不同假设模型下金融加速器效应估计值和外部冲击(技术冲击、货币政策冲击、货币需求冲击、投资效率冲击等)对经济变量(总产出、通货膨胀率)的脉冲响应变化路径来回答本章提出的三个问题。

(1)信贷错配和金融脆弱性特征叠加下的宏观效应是否存在显著性差异?

从表6.3可以看到,由于我国金融市场的不完美,金融摩擦的存在,金融加速器的效应在我国确实存在,表明存在微小冲击可以引起经济大波动的宏观滚效应。同时随着金融市场约束条件的不同,宏观效应存在显著性差异性。信贷错配和金融脆弱性特征叠加的 DNK – DSGE 模型下的宏观效应最大,而信贷错配 DNK – DSGE 模型下的宏观效应最小,传统 DNK – DSGE 模型下的宏观效应估计值介于二者之间。由于我们放松了"完美银行"假设,银行不再是无资产约束的"完美"个体,外界微小冲击通过银行资产负债表和企业资产负债表双重扩大(收缩)机制,使得宏观效应更加显著。但是由于我国又存在典型的银行信贷"二元"错配特征,使得我国整体市场经济主体外部融资风险升水的杠杆率弹性被低估,对宏观效应又具有一定的冲抵效应。

(2)信贷错配和金融脆弱性特征叠加下的宏观效应面对外部冲击时否存在显著差异?

从技术冲击和货币需求冲击看(见图6.1),包含信贷错配特征的DNK-DSGE模型下的技术冲击和货币需求冲击的宏观效应均小于传统DNK-DSGE模型下的宏观效应,说明信贷错配特征下的宏观效应被低估,主要原因可能在于信贷错配扭曲了价格信号,价格没有发挥市场资源配置功能,降低了金融资源配置效率,一定程度上降低了产出和通货膨胀变动弹性。但是信贷错配和金融脆弱性特征叠加的DNK-DSGE模型下的技术冲击和货币需求冲击的宏观效应均大于传统DNK-DSGE模型下的宏观效应,说明考虑金融机构资本约束假设后,外部冲击经由企业资产负债表和金融机构资产负债表双重的放大机制,宏观效应明显扩大;在投资效率冲击方面,三模型下的宏观效应没有明显差异,但是信贷错配和金融脆弱性特征叠加DNK-DSGE模型下的宏观效应持续时间更长;在货币政策方面,三种模型下的货币政策调控效果存在显著差异。具体而言,信贷错配和金融脆弱性特征叠加DNK-DSGE模型下的货币政策通货膨胀调控效果最好,对总产出调控效果欠佳;信贷错配特征DNK-DSGE模型下的货币政策对通货膨胀调控效果次之,对总产出调控效果最差;传统DNK-DSGE模型下的货币政策对通货膨胀效果调控最差,对总产出调控效果最好,这与我国宏观现实相符。这表明当下我国基于物价稳定为目标的货币政策有利于稳定通货膨胀,但是对于平稳经济增长效果并不明显。

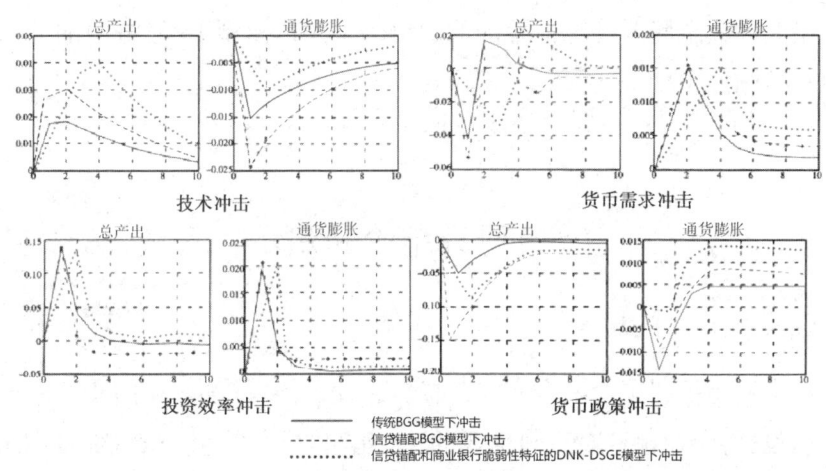

图 6.1　宏观效应对各种冲击的脉冲响应

（3）信贷错配和金融脆弱性特征叠加下的宏观效应具有怎样的传递性和持续性？

从脉冲响应冲击路径来看①（见图 6.1）：在信贷错配和金融脆弱性特征叠加 DNK – DSGE 模型下的经济冲击的宏观效应传递性和持续性最强，信贷错配特征 DNK – DSGE 模型下的经济冲击的宏观效应传递性和持续性最弱。通过比较发现，在信贷错配和金融脆弱性特征叠加的 DNK – DSGE 模型下，经济冲击的宏观效应在受到冲击达到最大值后，随后会出现逆转，逐渐消化冲击对宏观经济的影响，直至回归至正常水平，这比信贷错配特征的 DNK – DSGE 模型和传统 DNK – DSGE 模型条件下的冲击变化路径更接近现实。另外，在信贷错配和金融脆弱性特征叠加 DNK – DSGE 模型下的经济冲击响应时间更长，经济中最大冲击出现的时间比信贷错配特征 DNK – DSGE 模型和传统 DNK – DSGE 模型条件下的冲击延后 1—2 个季度。这意味着在信

---

① 本章的脉冲响应时间设定期限是 30 期，这里只截取了前 10 期，由于是季度数据，10 期的时间相当于 2.5 年。一般来说，10 期之后的新信息会影响结论的可靠性。

贷错配和金融脆弱性特征叠加的 DNK – DSGE 模型下,经济中的冲击更具持续性。

(六)研究结论和启示

本章基于我国经济现实,同时放松"完美银行"和企业同质性的完美假设,将商业银行对不同企业的"二元"信贷政策引入 DNK—DSGE 模型,通过数值模拟及脉冲响应函数来考察我国金融脆弱性的宏观效应及其变化趋势。研究结果表明:(1)由于我国金融市场的不完美,金融摩擦的存在,金融脆弱性的宏观效应在我国确实存在。同时随着金融市场约束条件的不同,金融脆弱性的宏观效应存在显著差异性。由于本文放松了"完美银行"假设,银行不再是无资产约束的"完美"个体,外界微小冲击通过银行资产负债表和企业资产负债表双重扩大(收缩)机制,使得宏观效应更加显著,但是因为我国存在典型的银行信贷"二元"错配特征,又使得我国整体市场经济主体外部融资风险升水的杠杆率弹性被低估,对宏观效应又具有一定的冲抵效应;(2)信贷错配和金融脆弱性特征叠加 DNK – DSGE 模型下宏观效应面对外部冲击存在显著差异,尤其是信贷错配和金融脆弱性特征叠加 DNK – DSGE 模型下货币政策对通货膨胀调控效果最好,对总产出调控效果欠佳;(3)信贷错配和金融脆弱性特征叠加的 DNK – DSGE 模型下,外界对经济冲击的宏观效应具有传递性和持续性,并且这种持续性会延长 1—2 个季度。

根据研究结论本章可以得到以下相应启示:(1)理论启示:金融市场约束条件对金融脆弱性的宏观效应特征有显著影响,不同约束条件下,金融脆弱性的宏观效应对不同冲击的影响路径和程度呈现显著差异,今后进行宏观效应及经济周期波动研究时,应充分区分金融市场结构和约束条件假设差异性,根据实际情况设定假设前提,以提高研究理论研究的严谨性和实证研究的稳健性;(2)政策启示:由于"二元"信贷错配扭曲了价格信号,价格没有发挥市场资源配置功能,降低了金融资源配置效率,一定程度上降低了产出和通货膨胀变动弹性,导致宏观经济波动被低估,使得宏观调控效果大打折扣,因此亟须改革当前国企和民企融资地位不平等现象,创造公平竞争融资环境,提高金融资源配置效率;由于金融脆弱性会增大宏观效应,使得微小外界冲击导致更大经济波动,因此政府要加大对商业银行监管,提高商业银行抵御风险的能力,确保商业银行稳健持续健康经营。

本章的研究也存在一定的不足:由于分析是在封闭条件下进行的,没有考察冲击经济变量的国际因素,如国外汇率、国外通货膨胀等,这与当前我国开放的经济大环境不相符,需要未来进一步研究。

本章小结

本章基于我国经济现实,同时放松"完美银行"和企业同质性的完美假设,将商业银行对不同企业的"二元"信贷政策引入DNK—DSGE模型,通过选取2006年1季度—2015年4季度实际数据模拟及脉冲响应函数来考察我国金融脆弱性的宏观效应及其表现特征。研究结果表明:(1)由于我国金融市场的不完美,金融摩擦的存在,金融脆弱性的宏观效应在我国确实存在。同时随着金融市场约束条件的不同,金融脆弱性的宏观效应显著性存在明显差异性。由于本章放松了"完美银行"假设,银行不再是无资产约束的"完美"个体,外界微小冲击通过银行资产负债表和企业资产负债表双重扩大(收缩)机制,使得宏观效应更加显著。但是由于我国又存在典型的银行信贷"二元"错配特征,使得我国整体市场经济主体外部融资风险升水的杠杆率弹性被低估,对宏观效应又具有一定的冲抵效应;(2)信贷错配和金融脆弱性特征叠加 DNK－DSGE 模型下宏观效应面对外部冲击存在显著差异,尤其是货币政策调控效果存在显著差异,信贷错配和金融脆弱性特征叠加 DNK－DSGE 模型下货币政策对通货膨胀调控效果最好,对总产出调控效果欠佳;(3)信贷错配和金融脆弱性特征叠加的 DNK－DSGE 模型下,外界冲击的宏观效应具有传递性和持续性,并且这种持续性会延长 1—2 个季度,并根据研究结论得到相应政策与理论启示。

七 基于宏观效应的金融脆弱性与货币政策框架

(一) 引 言

在过去的很长一段时间里,由于资本市场发展规模小,资本市场筹资、投资功能不完善等因素,使得资本市场对实体经济的影响一直比较小,中央银行货币政策传导渠道主要通过商业银行的信贷渠道。后来随着资本市场规模的不断扩大,资本市场功能的不断健全,央行的货币政策传导渠道不再是来自商业银行单一的信贷渠道,资产价格传导渠道越来越重要,使得传统仅盯物价稳定的货币政策面临越来越多的挑战。纵观历史上发生的数次危机,例如1929年美国经济大危机、20世纪90年代日本楼市泡沫危机、1997年亚洲金融危机、2008年由美国次债危机引发的全球金融危机,不难发现,每次经济危机的背后都伴随着物价相对稳定、资产价格的巨幅波动。资产价格的大跌,加速了金融机构资产负债表的恶化,容易引发金融脆弱性。当前金融杠杆泛化、金融机构跨界经营、风险跨境传递、实体经济与虚拟经济结构失衡等共同因素推动金融脆弱性不断积累,金融脆弱性日益成为各国央行关注的新领域。国际清算银行建议,为了协调价格稳定和金融脆弱性之间的冲突,各国央行应该在稳定价格目标的同时,也应该将金融稳定列入货币政策的目标之一。

关于是否将金融稳定纳入央行货币政策操作目标,早在2008年美国金融危机之前就已经引起了理论界的关注。金融危机之后在很多国家的央行和实务界掀起了是否应将金融稳定目标纳入央行的货币政策框架之中的讨论热潮,但迄今为止仍未形成较为一致的意见。

(二)不考虑金融稳定目标的货币政策框架

长期以来,西方主要国家央行一直奉行通货膨胀目标制,以保持稳定物价和促进经济增长作为其唯一的政策目标。在此政策框架下,关于货币政策与金融脆弱性关系的争论,就是货币政策是否应该对资产价格波动做出反应。

1. 货币政策干预资产价格理论模型分析

本章借鉴比尔(Ball)(1999)研究假设,构建资产价格波动与最优货币政策框架的理论模型。

假设一国央行在时期的效用损失函数为:

$$W_t = \frac{1}{2}\left[(\pi - \pi^*)^2 + u_y y_t\right] \tag{7.1}$$

其中 π_t 表示为通货膨胀率,y_t 表示为产出缺口,$u_y > 0$ 表示为产出缺口相对于通货膨胀率的权重。

中央银行选定特定目标规则,在 t 时刻会选择一个短期利率来最小化贴现当前和未来损失效率 $\{i_{t+s}\}_{s=0}^{\infty}$,那么式(7.1)重写改写为:

$$E_t \sum_{i=0}^{\infty} \frac{1}{2}\delta^i [(\pi_{t+i} - \pi^*)^2 + u_y y_{t+i}^2] \tag{7.2}$$

其中,$0 < \delta < 1$,代表贴现因子。

借鉴斯文松(Svensson)(2003)、科托尼克斯和蒙塔尼奥利(Kontonikas and Montagnoli)(2006)模型的常规做法,在货币政策传导机制当中考虑资产价格渠道,将中央银行的经济模型描述为:

菲利普斯曲线:$\pi_{t+1} = \pi_t + ay_{t+1} + \varepsilon_{t+1}$ (7.3)

IS 方程:$y_{t+1} = \beta_1 y_t - \beta_2(i_t - \pi_{t+1}) + \beta_3 \Delta q_t + \eta_{t+1}$ (7.4)

资产价格方程:$q_t = q_{t-1} - \rho_1(i_t - \pi_{t+1}) + \rho_2 y_{t+1} + \rho_3 \Delta q_{t-1} + \mu_t$ (7.5)

其中,i 表示中央银行调控下的短期名义利率,q 表示真实资产价格的对数。ε, η, μ 表示随机扰动项,服从独立同分布且均值为零,方差分布为 $\sigma_\varepsilon^2, \sigma_\eta^2, \sigma_\mu^2$ 所有系数都为正,且 $0 < \beta < 1$。

根据式(7.4),中央银行的随机最优化问题就是 t 时期式(7.1)的最小化效用损失函数:$\min E_t \sum_{i=0}^{\infty} \frac{1}{2}\delta^i [(\pi_{t+i} - \pi^*)^2 + u_y y_{t+i}^2]$。

将式(7.5)移项可得:

$$\Delta q_t = -\rho_1(i_t - \pi_{t+1}) + \rho_2 y_{t+1} + \rho_3 \Delta q_{t-1} + \mu_{t+1} \tag{7.6}$$

将式(7.3)和式(7.6)代入式(7.4),可得:

$$y_{t+1} = \beta_1 y_t - (\beta_2 + \rho_1\beta_3)(i_t - \pi_t) + [a(\beta_2 + \rho_1\beta_3) + \rho_2\beta_3]y_{t+1} + \rho_3\beta_3 \Delta q_{t-1} + \xi_{t+1} \tag{7.7}$$

其中:$\xi_{t+1} = (\beta_2 + \rho_1\beta_3)\varepsilon_{t+1} + \beta_3\mu_{t+1} + \eta_{t+1}$。

解出,可得:

$$y_{t+1} = \frac{\beta_1}{1-[a(\beta_2+\rho_1\beta_3)+\rho_2\beta_3]} y_t - \frac{(\beta_2+\rho_1\beta_3)}{[a(\beta_2+\rho_1\beta_3)+\rho_2\beta_3]}(i_t-\pi_t) + \frac{\rho_3\beta_3}{[a(\beta_2+\rho_1\beta_3)+\rho_2\beta_3]}\Delta q_{t-1} + \xi_{+1} \quad (7.8)$$

令：

$$\theta_1 = \frac{\beta_1}{1-[a(\beta_2+\rho_1\beta_3)+\rho_2\beta_3]}, \theta_2 = \frac{(\beta_2+\rho_1\beta_3)}{[a(\beta_2+\rho_1\beta_3)+\rho_2\beta_3]}, \theta_3 = \frac{\beta_3}{[a(\beta_2+\rho_1\beta_3)+\rho_2\beta_3]},$$

式(7.8)可以改写成：

$$y_{t+1} = \theta_1 y_t - \theta_2(i_t-\pi_t) + \theta_3 + \rho_3\Delta q_{t-1} + \xi_{t+1} \quad (7.9)$$

令 ϕ_t 代表中央银行的政策控制变量，在既定的通胀目标和产出目标下，央行会选择适当的利率反应水平，则有：

$$\phi_t = \theta_1 y_t - \theta_2(i_t-\pi_t) + \theta_3\rho_3\Delta q_{t-1} + \xi_{t+1} \quad (7.10)$$

由式(7.10)，可将式(7.3)和式(7.9)分别改写为：

$$\pi_{t+1} = \pi_t + a\phi_t + \xi_{t+1} \quad (7.11)$$

$$y_{t+1} = \phi_t + \xi_{t+1} \quad (7.12)$$

由此可得，央行最优的货币政策反应是选择恰当的控制变量 ϕ，最小化其效用损失函数：

$$\min_{\phi} E_t \sum_{i=0}^{\infty} \frac{1}{2}\delta^i [(\pi_{t+i}-\pi^*)^2 + u_y y_{t+i}^2]$$

s.t. $\pi_{t+1} = \pi_t + a\phi_t + \xi_{t+1}$

$$y_{t+1} = \phi_t + \xi_{t+1} \quad (7.13)$$

利用Bellman动态优化方法，把约束条件带入目标函数，可得央行效用损失函数为：

$$\psi(\pi_t) = \min_{\phi} E_t \{\frac{1}{2}[(\pi_t+a\phi_t+\xi_{t+1}-\pi^*)^2 + u_y(\phi_t+\xi_{t+1})^2] + \delta\psi(\pi_t+a\phi_t+\xi_{t+1})\} \quad (7.14)$$

对上式求一阶条件,可得:

$$\frac{\partial \psi(\pi_t)}{\partial \phi} = a(\pi_t - \pi^*) + (a^2 + u_y)\phi_t + \delta a E_t \psi(\pi_{t+1}) = 0 \quad (7.15)$$

下面分别对 $\psi(\pi_t)$ 求微分,可得:

$$d\psi(\pi_t) = E_t \frac{\partial}{\partial \pi_t} \left\{ \frac{1}{2} \left[(\pi_t - \pi^*)^2 + u_y y_{t+1}^2 \right] + \delta \psi(\psi_{t+1}) \right\} d\pi$$

$$\psi'(\pi_t) d\pi_t = E_t \left\{ \left[(\pi_t - \pi^*) \frac{\partial \pi_{t+1}}{\partial \pi_t} + u_y y_{t+1} \frac{\partial ym\,t+1}{\partial \pi_t} \right] + \delta \psi'(\pi_{t+1}) \frac{\partial \pi_{t+1}}{\partial \pi_t} \right\} d\pi_t$$

$$\psi'(\pi_t) d\pi_t = E_t \{ [(\pi_t - \pi^*) + \delta \psi'(\pi_{t+1})] \quad (7.16)$$

将式(7.11)代入上式,可得:

$$\psi'(\pi_t) = \pi_t - \pi^* + \alpha \phi_t + \delta E_t \psi'(\pi_{t+1}) \quad (7.17)$$

将上式两边同时乘以,并代入式(7.15),可得:

$$\alpha \psi'(\pi_t) = -u_y \phi_t \quad (7.18)$$

对上式取 $t+1$ 期,可得:

$$\alpha \psi'(\pi_{t+1}) = -u_y \phi_{t+1} \quad (7.19)$$

上式两边同时乘以 δ,并取期望,可得:

$$a\delta E_t \psi'(\pi_{t+1}) = -u_y \delta E_t \phi_{t+1} \quad (7.20)$$

将上式代入式(7.15),可得:

$$a(\pi_t - \pi^*) + (a^2 + u_y)\phi_t - u_y \delta E_t \phi_{t+1} = 0 \quad (7.21)$$

解出:

$$\phi_t = \frac{a}{a^2 + u_y}(\pi_t - \pi^*) + \frac{\delta u_y}{a^2 + u_y} E_t \phi_{t+1} \quad (7.22)$$

根据沃尔什(walsh)(1998)的处理,令:

$$\phi_t = c_t(\pi_t - \pi^*) \quad (7.23)$$

对上式取取 $t+1$ 期,可得:

$$\phi_{t+1} = c(\pi_{t+1} - \pi^*) \tag{7.24}$$

将式(7.11)代入上式,可得:

$$\phi_{t+1} = c(\pi_t - \pi^*) + ca\phi_t + c\xi_{t+1} \tag{7.25}$$

对上式两边同时取期望,可得:

$$E_t[\phi_{t+1}] = \phi_t + ca\phi \tag{7.26}$$

将式(7.26)、(7.23)代入式(7.16),整理可得:

$$\delta u_y ac^2 + (\delta u_y - a^2 - u_y)c - a = 0 \tag{7.27}$$

解出:

$$c = \frac{-\delta u_y + a^2 + u_y - \sqrt{\delta^2 u_y^2 + 2\delta u_y a^2 - 2\delta u_y^2 + a^4 + 2u_y a^2 + u_y^2}}{2\delta u_y a} \tag{7.28}$$

如果将式(7.10)中的 y_t 看作是产出缺口,π_t 看作是通胀缺口,则式(7.10)改写成:

$$\phi_t = \theta_1(y_t - y^*) - \theta_2[i_t - (\pi_t - \pi^*)] + \theta_3\rho_3\Delta q_{t-1} + \xi_t \tag{7.29}$$

将式(7.23)代入上式,可得:

$$c(\pi_t - \pi^*) = \theta_1(y_t - y^*) - \theta_2[i_t - (\pi_t - \pi^*)] + \theta_3\rho_3\Delta q_{t-1} + \xi_t \tag{7.30}$$

解出:

$$i_t = \frac{\theta_1}{\theta_2}(y_t - y^*) + \frac{\theta_2 - c}{\theta_2}(\pi_t - \pi^*) + \frac{\theta_3\rho_3}{\theta_2}\Delta q_{t-1} + \xi_t \tag{7.31}$$

令:

$$f_y = \frac{\theta_1}{\theta_2}, f_\pi = \frac{\theta_2 - c}{\theta_2}, f_\pi = \frac{\theta_3\rho_3}{\theta_2}$$

式(7.31)可写改写为:

$$i_t = f_y(y_t - y^*) + f_\pi(\pi_t - \pi^*) + f_\pi\Delta q_{t-1} + \xi_t \tag{7.32}$$

根据上述数理推导,可以发现,央行实施货币政策进行宏观调控,时期最优利率不仅取决于当期的产出与通胀缺口,同时还取决于资产价格变化及其随机扰动项。这就要求中央银行在制订货币政策目标时,不仅要考虑实体经济层面的通货膨胀和产出,同时还要关注例如外汇、股市、房市等资产价格的波动以及容易引起这些资产价格波动的外部冲击。

2. 实证分析

接下来根据上述理论分析,就我国资产价格波动与我国货币政策之间的关系进行实证检验。在实证分析中,借助第四章构建的资金循环流量模型,同时引入流动性螺旋机制①,以房地产价格波动代表资产价格波动,以宏观流动性②表示货币政策的代理变量。考虑当前我国资本管制现实以及房地产投资长周期性,本章未考虑境外资金流动性对商品房价格的冲击。鉴于数据的可获性,本章所有数据选取2009年4季度—2016年3季度数据。为了消除数据的季节性趋势,利用Eviews6.10软件对所有数据进行了Census X12处理。同时为了消除通货膨胀的影响和保证数据的可比性,对所有数据用CPI进行了调整,并采用相对数进行无量纲处理。

(1)变量选取与数据说明

①流动性结构变量

现有文献一般用M1/M2来度量货币流动性结构。M1代表的是流动性资金的交易性需求,M2代表的是流动性资金的投资性需求。M1/M2比值的高低很好地反映了流动性在实体经济与虚拟经济之间的转换关系,标记为FS,数据来源于国家统计局网站。

---

① 资产价格的大幅上涨,会进一步导致银行杠杆融资扩张和市场投资情绪的高涨,反过来又会不断推高资产价格的上涨,进而形成资产价格上涨与银行融资杠杆交替螺旋上升。
② 根据北京大学中国经济研究中心的定义,宏观流动性指央行的货币供应量经商业银行信贷系统转化为信用货币。

②流动性总量变量

由于我国是以银行系统为核心的金融体系,基础货币通过银行机构转化为信用货币,这些信用货币超过实体经济需求不断流入虚拟经济体系,因此本文选取银行系统流动性代表流动性总量。① 根据研究目的以及数据的可获性,选取个人住房贷款增长率作为银行系统流动性总量的代理变量,标记为 CG,数据来源于 wind 数据库。

③情绪变量②

目前理论上还没有关于房地产投资的具体情绪指标,相关研究一般都是采用景气指数作为替代变量。选取国房景气指数作为投资者的情绪指标,以 100 代表情绪中性,高于 100 表示投资者情绪乐观,低于 100 表示投资者情绪悲观。标记为 EM,数据来源于中经网数据库。

④房地产价格变量

通过选取全国商品房销售额和销售面积,计算得到全国商品房月均价,然后转换成季度均价,以 2008 年 4 季度商品房季均价为定基,算出全国商品房季均价上年同比增长率,标记为 PG,数据来源于中经网数据库。

所有变量和数据描述性统计结果和彼此之间的简单相关系数见表 7.1、表 7.2。

---

① Adrian and Shin(2007)提出银行资产负债表的扩张率是一个较好的反映银行系统流动性的指标,如果银行的主要资产为贷款时或者主要负债为存款时,可以用存款或贷款的扩张速度替代。
② 李稻葵等(2009)的研究表明,市场主体的情绪与预期、偏好一样,自身能够引起流动性变化,因此,本章认为情绪可以作为流动性的一个合适代理变量。

表7.1 各变量描述性统计

变量	观察值	均值	标准误差	最小值	最大值
FS	27	30.87	3.25	26.4	36.5
CG	27	22.85	10.43	11	53.4
EM	27	-2.55	4.03	-7.5	5.3
PG	27	7.33	5.34	-1.3	20.1

表7.2 各变量的相关系数

	FS	PG	EM	CG
FS	1	0.45	0.93	0.45
PG	0.45	1	0.42	0.6
EM	0.93	0.42	1	0.57
CG	0.45	0.6	0.57	1

(2) 模型设定

根据研究需要,设定两种计量模型:多元线性回归模型和无约束向量自回归模型。其中多元线性回归模型重点对变量发生的历史情况进行静态分析;无约束向量自回归模型重点对变量各种动态关系进行分析。

① 多元回归线性模型

基准计量模型设定如下: $PG_t = C + \beta_1 FS_t + \beta_2 EM_t + \beta_3 CG_t + \varepsilon_t$

(7.33)

其中,因变量 PG 表示商品房均价同比增长率,自变量 FS、EM、CG 分别表示流动性结构、情绪和流动性总量,C 代表常数项,β 代表回归系数,ε 代表随机扰动项。

② 无约束 VAR 模型。采用 VAR 模型,借用脉冲相应函数、方差分解、格兰杰因果关系检验方法进一步动态分析房地产价格波动与宏观流动性之间的相互关系。

(3)实证结果分析

①多元回归分析

在回归之前,所有数据进行了 ADF 单位根检验。ADF 检验结果表明所有原始数据进行 阶差分后变得平稳(检验结果见表7.3),因此对所有数据一阶差分后可以进行回归分析。为了提高计量模型设定精度,给出了3种计量模型形式,通过模型设定检验,发现模型3拟合效果最好,具体模型回归结果见表7.4。

表7.3 ADF 单位根检验

变量	ADF 检验临界值	1%	5%	10%	平稳性
PG	-1.827	-3.753	-2.998	-2.639	不平稳
DPG	-4.102	-3.753	-2.998	-2.639	平稳
FS	-1.417	-3.701	-2.976	-2.627	不平稳
DFS	-4.849	-3.711	-2.981	-2.63	平稳
EM	-2.403	-3.741	-2.986	-2.619	不平稳
DEM	-4.012	-3.721	-2.897	-2.597	平稳
CG	-1.786	-3.77	-3.004	-2.642	不平稳
DCG	-3.767	-3.642	-2.124	-1.395	平稳

表7.4 方程回归结果

变量	模型1	模型2	模型3
DFS	1.101*** (5.473)	0.144*** (3.696)	0.749*** (3.030)
DEM	1.772** (2.730)	1.465* (2.087)	1.320* (2.071)
DCG	0.594*** (3.193)	0.247 (1.521)	0.497** (2.788)

续表

变量	模型1	模型2	模型3
C	-25.866*** (-4.124)	-	-17.367** (-2.475)
DPG(-1)	-	0.461*** (3.871)	0.282** (2.169)
调整的 R^2	0.750	0.737	0.760
F 统计量	23.045	-	21.242
D-W 值	1.245	1.641	1.784

注:括号内数字为 t 统计量,*** 为1%显著性水平,** 为5%显著性水平,* 为10%显著性水平。模型在回归之前进行了序列自相关检验,发现部分数据存在自相关,因此在估计过程中,使用了 Newey—west 一致协方差估计。

模型3回归结果表明,当流动性结构失衡每增加1%时,房地产价格会上涨0.749%,当银行流动性总量增加1%时,房地产价格会上涨0.497%,当市场情绪指数上升1%时,房地产价格会上涨1.32%。通过回归结果我们可以得出资产价格波动的实质是流动性"三失"。[①] 流动性结构失衡是资产价格波动的根本动力,流动性总量失度是资产价格波动的直接动力,市场情绪失控是资产价格波动的催化动力。

为了使得回归结论更加精准,防止出现伪回归,现对模型3的回归结论进行稳健性检验。用货币超额流动性替代银行系统流动性度量超额流动性总量、用房地产行业景气指数替代国房景气指数度量市场情绪。货币超额流动性是指 M2 增长率超出相应名义 GDP 增长的部分,标记为 GAP,数据来源于国家统计局;房地产行业景气指数数据来源于 DRC 行业景气监测数据库、国家统计局,其他数据指标不变。回归结果见表7.5。从表7.5可以看到,结果与上文没有明显区别,尽

---

① 流动性"三失"是指流动性结构失衡、流动性总量失度、情绪失控。

管回归系数的数值略有变化,但不影响基本结果。稳健性检验的结果表明,实证结果是稳健与可靠的。

表 7.5 稳健性检验

变量	DGAP	DFS	DEM	DPG(-1)	C	调整的 R^2	F 统计量	D-W 值
	1.027**	1.182**	1.180**	0.644***	-23.601**	0.687	12.053	1.843
	(2.338)	(2.208)	(2.465)	(4.405)	(-2.450)			

注:括号内数字为 t 统计量,*** 为 1% 显著性水平,** 为 5% 显著性水平,* 为 10% 显著性水平。模型在回归之前进行了序列自相关检验,发现部分数据存在自相关,因此在估计过程中,使用了 Newey—west 一致协方差估计。

②VAR 模型结果分析

建立一个包含 4 个变量的无约束 VAR 模型:房地产价格指标 PG、流动性结构失衡指标 FS、流动性总量指标 CG、市场情绪指标 EM。建立 VAR 模型的前提条件是要求各变量是平稳的或者各变量之间满足协整关系,通过表 7.3 所知,所有数据一阶差分后变得平稳。因此先对所有数据进行一阶差分,发现被估计的 VAR 模型所有根模的倒数均小于 1,即位于单位圆内,表明以上各变量是平稳的(如图 7.1 所示),可以进行脉冲响应函数、方差分解和格兰杰因果检验分析。

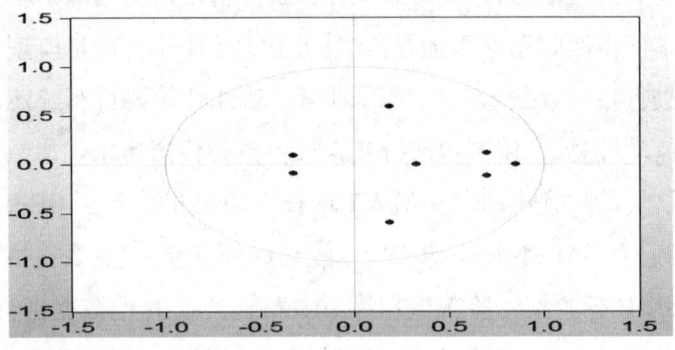

图 7.1 单位根检验

首先进行脉冲响应函数分析。按照 AIC 准则和 SC 准则,借助计量软件 eviews6.0,采用 20 期滞后,可以获得各个流动性变量冲击房地产价格的脉冲响应函数。分析结果表明(见图 7.2):流动性变量对房地产价格的扰动均具有 1 期的滞后性,流动性结构失衡对房地产价格具有持续的正向冲击,在第 3 期达到最大值,随后在 4—6 期急剧减弱,大约在 14 期影响稳定趋于 0。流动性总量和市场情绪对房地产价格的冲击具有一致性,先是负向冲击然后反转出现正向冲击。其中流动性总量对房价的负向冲击在 3.5 期达到最大值,随后反转出现正向冲击,大约在 6 期影响稳定趋于 0。市场情绪对房价的负向冲击在 4 期达到最大值,随后反转出现正向冲击,大约在 16 期影响稳定趋于 0。脉冲响应函数分析结果表明,流动性结构失衡对房地产价格的冲击无论在力度上、时效上都显著于流动性总量和市场情绪的冲击。流动性总量对房地产价格的冲击具有短期效应,市场情绪对房地产价格的冲击具有较长时滞效应。脉冲响应函数分析结论,符合流动性螺旋机制传导机理。

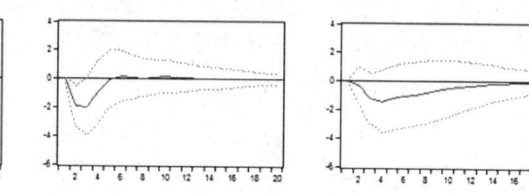

图 7.2 脉冲响应函数冲击

其次利用方差分解①技术分析流动性变量对房地产价格波动的

---

① 方差分解是将 VAR 模型中每个外生变量预测的方差按照其成因分解为与各个内生变量相关联的组成部分,即分析每个新息冲击对内生变量变化的贡献度,从而了解各新息对模型内生变量的相对重要性。

贡献率,借助计量软件 eviews6.0,采用 20 期滞后,可以获得各个流动性变量对房地产价格波动预测方差的贡献率(见表 7.6)。方差分解结果表明,除了房地产价格自身的解释,在第二期之后,流动性变动对房地产价格具有很强的解释能力,这种解释能力大约在第 14 期趋于稳定,解释能力合计达到 57.52%。其中流动性结构失衡在第 3 期对房地产价格解释能力最强,达到 26.389%,随后解释能力逐步递减;流动性总量对房地产价格的解释能力在第 3 期有一个迅速上升的过程,随后缓慢上升,在第 8 期达到最大值 16.33% 后逐步下降。市场情绪对房地产价格的解释能力具有较强的持续期,表明市场情绪对房地产价格具有持续的催化作用。

表 7.6 房地产均价 PG 方差分解结果

Variance Decomposition of PG:					
Period	S. E.	DPG	DCG	DFS	DEM
1	3.059731	100	0	0	0
2	4.301858	74.55955	4.103673	20.80642	0.530357
3	5.49177	54.56669	13.64077	26.38892	5.403626
4	5.940482	49.01863	15.67266	24.90182	10.40689
5	6.144192	46.82064	16.24326	23.28141	13.65469
6	6.27047	45.52365	16.23949	22.42157	15.81529
7	6.364987	44.49491	16.29097	21.77173	17.44239
8	6.432997	43.69243	16.3265	21.3184	18.66267
9	6.475751	43.16827	16.31295	21.06375	19.45503
10	6.500833	42.86001	16.27889	20.94753	19.91357
11	6.515435	42.68318	16.25516	20.88556	20.1761
12	6.524116	42.57943	16.24457	20.84316	20.33285
13	6.529322	42.51752	16.24048	20.81532	20.42669

续表

Period	S. E.	DPG	DCG	DFS	DEM
14	6.532368	42.48168	16.23863	20.79886	20.48083
15	6.534125	42.46164	16.23791	20.78925	20.51121
16	6.535162	42.4504	16.23801	20.78319	20.5284
17	6.535805	42.44384	16.23856	20.77918	20.53842
18	6.536219	42.43988	16.2392	20.77654	20.54437
19	6.536491	42.43745	16.23978	20.77483	20.54795
20	6.536676	42.43593	16.24024	20.7737	20.55013

最后进行格兰杰因果关系检验。在对房地产价格和流动性进行格兰杰因果检验之前,需要确定滞后阶数,通过计算滞后 8 期以内的各种信息标准,根据 AIC(赤池信息)准则确定滞后阶数为 8。格兰杰检验结果如表 7.7 所示,流动性结构失衡与房地产价格互为格兰杰因果关系,表明流动性结构失衡会造成资产价格波动,同时资产价格的波动反过来又会造成流动性结构进一步失衡,暗示流动性螺旋机制在房地产市场存在。表 7.7 还表明流动性总量与市场情绪是房地产价格的单向格兰杰原因。格兰杰因果检验进一步证明了流动性结构失衡是资产价格波动的根本动力,流动性总量失度是资产价格波动的直接动力,市场情绪失控是资产价格波动的催化动力。

表 7.7　流动性与房地产价格格兰杰因果检验

Sample:2010Q1 2016Q3			
Lags:8			
Null Hypothesis: 原始假设	Obs	F – Statistic	Prob.
DFS does not Granger Cause DPG DFS 不是 DPG 的格兰杰因果原因	19	31.0558	0.008
DPG does not Granger Cause DFS DPG 不是 DFS 的格兰杰因果原因	19	8.79986	0.050

续表

DEM does not Granger Cause DPG DEM 不是 DPG 的格兰杰因果原因	19	5.01788	0.099
DPG does not Granger Cause DEM DPG 不是 DEM 的格兰杰因果原因		0.41398	0.858
DCG does not Granger Cause DPG DCG 不是 DPG 的格兰杰因果原因	19	2.57165	0.031
DPG does not Granger Cause DCG DPG 不是 DCG 的格兰杰因果原因		1.44372	0.472

3. 传统货币政策框架扩展

上述理论和实证分析表明,在当前金融资产总量迅速增长,资产价格大幅波动的当下,货币政策应该对资产价格的波动做出反应,传统的货币政策框架需要扩展。传统的货币政策框架一般由菲利普斯曲线和费雪恒等式组成,其中菲利普斯曲线代表短期的总供给曲线,费雪恒等式代表总需求函数,其关系表达式如下:

$$Y - Y^* = a(P - P_0) \tag{7.34}$$

$$Mv = PY \tag{7.35}$$

式(7.34)表示菲利普斯曲线,式(7.35)表示费雪恒等式,Y 为实际产出,Y^* 和 $Y - Y^*$ 分别为潜在产出与产出缺口,M 为货币供应量,一般用 $M2$ 度量,v 为货币流通速度,P 为一般物价水平,P_0 为产出缺口为 0 时的一般价格水平,a 为菲利普斯曲线斜率的倒数且大于 0 小于 1。由式(7.34)和式(7.35)可以看出,传统的货币政策框架只关注实体经济,货币政策目标是实现价格稳定,通过价格的稳定实现产出的稳定。传统的货币政策框架往往只关注实体经济的稳定,没有关注资产价格的稳定,这与当下的宏观经济环境不相符,有必要对传统的政策框架进行完善,把资产价格纳入其分析框架。得到扩展后的货币政策框架,如下所示。

$$Y - Y^* = a(P - P_0) + y(P_A - P_{A0}) \quad (7.36)$$

$$Mv = PY + \beta P_A Q_A \quad (7.37)$$

$$P_A = \lambda(M - M_0) + \varepsilon_{em} \quad (7.38)$$

式(7.36)为扩展的菲利普斯曲线,由于资产价格的波动会对实体经济造成挤出效应,因此产出缺口不仅取决于当前的一般物价水平,也取决于当前的资产价格水平。其中,P_{A0}为产出缺口为0时资产价格一般水平,A、y分别为参数系数且大于0小于1。式(7.37)为扩展的费雪恒等式,Mv可以理解为宏观流动性,在整个经济系统中流动,不仅满足实体经济的需求,也满足虚拟经济的需求。其中P_A为虚拟经济资产的一般价格水平,Q_A为资产交易的数量,β为参数系数且大于0小于1;式(7.38)为资产价格的决定方程,其大小由流动性程度决定。其中,$(M - M_0)$为流动性脱离实体经济进入虚拟经济的资金,体现为流动结构和流动性总量,ε_{em}为市场情绪,是一个独立的外生变量。利用matlab软件,计算出总产出Y和一般物价水平P的解析解为:

$$Y = \frac{1}{2}\{Y^* + y[\lambda(M - M_0) + \varepsilon] - (aP_0 + yl_0) +$$

$$\sqrt{\{Y^* + y[\lambda(M - M_0) + \varepsilon] - (aP_0 + yl_0)\}^2 + 4a\{Mv - \beta[\lambda(M - M_0) + \varepsilon]Q_A\}}$$

$$(7.39)$$

$$P = \frac{1}{2a}\{-[Y^* + y[\lambda(M - M_0) + \varepsilon] - (aP_0 + yl_0)] +$$

$$\sqrt{\{Y^* + y[\lambda(M - M_0) + \varepsilon] - (aP_0 + yl_0)\}^2 + 4a\{Mv - \beta[\lambda(M - M_0) + \varepsilon]Q_A\}}$$

$$(7.40)$$

由式(7.39)和式(7.40)可知,总产出和产品一般价格水平不仅取决于货币政策,还取决于资产价格水平。接下来进行比较静态分

析,考察市场情绪 ε 对宏观经济的影响。让式(7.39)和式(7.40)分别对求偏导可得:

$$\frac{\partial Y}{\partial \varepsilon} = \frac{1}{2}[\gamma + \frac{2\gamma - 4\alpha\beta Q_A}{\sqrt{\{Y^* + \gamma[\lambda(M-M_0) + \varepsilon] - (\alpha P_0 + \gamma l_0)\}^2 + 4\alpha\{M\nu - \beta[\lambda(M-M_0) + \varepsilon]Q_A\}}}]$$
(7.41)

$$\frac{\partial P}{\partial \varepsilon} = \frac{1}{2\alpha}[-\gamma + \frac{2\gamma - 4\alpha\beta Q_A}{\sqrt{\{Y^* + \gamma[\lambda(M-M_0) + \varepsilon] - (\alpha P_0 + \gamma l_0)\}^2 + 4\alpha\{M\nu - \beta[\lambda(M-M_0) + \varepsilon]Q_A\}}}]$$
(7.42)

由于参数 α、β、λ 大于 0 小于 1,Q_A 远远大于 1,可知式(7.41)和式(7.42)小于 0。因此,市场情绪的高涨,市场投机风气盛行,越来越多的流动性流入虚拟经济,会导致产出的萎缩和物价的紧缩,这与当下我国经济实际相吻合。同时假设提高,根据式(7.38)可知资产价格 P_A 会提高,根据式(7.36)又知,会有更多的流动性进入虚拟经济。在总的流动性保持不变的前提下,必然会挤占实体经济对资金的正常需求,结果是实体经济因为"输血"不足而衰退。在这种情况下,即使央行向市场注入流动性,但在资产价格暴涨、资本逐利的情况下,更多的流动性只会越来越多流入虚拟经济,这时货币政策必须关注资产价格的波动。

4. 货币政策应对资产价格波动策略

根据上述理论模型和数值模拟表明:资产价格对产出确实有影响,具有明显的挤出效应,传统货币政策在关注实体经济稳定的同时应该关注资产价格的稳定。面对资产价格波动采取的货币政策应对策略如下:

(1)增强货币政策宏观调控的前瞻性,高度重视流动性螺旋机制传导机制。资产价格波动的实质是流动性"三失",流动性螺旋机制是促成流动性"三失"的关键因素。因此,货币政策宏观调控的首要前提就是要有效识别流动性螺旋的存在性。货币政策在实际操作过程中,不仅要盯住货币总量的供给、流动性结构和市场情绪,同时还要更加前瞻性地防范流动性螺旋的形成。采取选择性政策进行反向操作,抑制流动性螺旋机制的产生,保持产出与资产价格的合理波动。

(2)货币政策操作应当考量市场情绪,合理引导市场预期。在经济交易过程中,由于信息不对称、交易成本等市场摩擦的存在,投资者并非完全的理性人,市场情绪对投资者具有明显的感染作用,容易引发"羊群效应"。因此货币政策在实际操作过程中,应该加强市场沟通,增强透明度,有效引导市场预期,防范市场情绪"射击过头"或"射击不足"。

(3)尽早建立流动性预警体系,有效防范系统性风险。当下由于金融产品大量创新、资金来源渠道多元化、货币流动速度不稳定性等诸多原因,央行关于流动性总量的统计越来越艰难。同时这些流动性出于规避监管的利益冲动,例如以理财产品、影子银行、同业拆借等表外业务的形式游离在资产负债表之外,进入风险性极高的领域,很容易引发系统性风险。因此,央行有必要建立流动性预警体系,通过这一体系实时监控每笔流动性的去向,确保流动性处于监管之下,以便更好发挥货币政策的针对性和有效性。

(三)考虑金融稳定目标的货币政策框架

在现代金融条件下,随着利率波动加剧,金融资产的基准风险、重定价风险、收益率曲线风险等风险都将上升,多类风险的耦合度更强,也更容易相互转化,金融脆弱性的识别和管理难度加大,这使得传统以维持价格稳定为唯一目标的货币政策屡屡陷入宏观稳定方面的困境。金融体系的动荡势必会给整个宏观经济造成巨大损失,并通过负外部性效应、共振效应渗透至社会的方方面面。同时,金融体系长期不稳定必然会最终引致货币的不稳定。这表明基于宏观稳定的货币政策再也不能对日益严重的金融市场失衡"善意忽略",适宜的货币政策要考虑金融稳定内涵,价格稳定和金融稳定必须同时纳入货币政策视野。

1. 纳入金融稳定的货币政策框架理论模型

按照标准的经济学范式,货币政策传导机制可概括为以下两个基本方程:

$$y_t = \bar{y}_t - k_y(r_t^f - r_t^*) \tag{7.43}$$

$$\pi_t = \bar{\pi}_t - k_\pi(r_t^f - r_t^*) \tag{7.44}$$

其中,$\bar{y}_t, \bar{\pi}_t$ 分别表示稳态时的产出与通胀水平;r_t^f 表示央行政策利率水平,r^* 表示市场预期均衡利率。通常情况下,市场主体在进行投资时,一般不会考虑发生金融危机成本,因此 r^* 代表不考虑金融危机成本的市场预期均衡利率。k_y, k_π 分别表示产出、通胀缺口相对于利率调整时的弹性系数,且 $k_y, k_\pi > 0$。

给定上述关系后,通过对安格(Agur)(2009)、安格和迪莫特斯(Ague and Demertzis)(2010)模型框架的修正与扩展,详细分析金融稳定对中央银行货币政策规则的影响。借鉴戴蒙德和迪布维格(Diamond and Dybvig)(1983),假定金融脆弱性由一家典型的商业银行决策函数来表示,其基本目标就是通过构建资产组合实现收益最大化。

假设典型银行时刻投资风险项目的比例为 a^t,预期回报率为 r_t^A;

那么投资于无风险资产的比率为$(1-a_t)$,预期收益率为无风险收益率r_t^f,且$r_t^A > r_t^f$。假如银行投资破产,那么银行会遭受损失γ^b,同时社会也会遭受福利损失γ^s,由于信息不对称以及负外部性,根据安格(Ague)(2009)、哈林和海登(Halling and Hayden)(2006),假设银行的破产概率为a_t^2,给定贴现率水平θ,可得典型银行的最优化函数为:

$$\max_{\alpha_t, \forall_t} U = \max_{\alpha_t, \forall_t} \left\{ \sum_{t=0}^{T} \theta^t \left[(1-a_t) r_t^f \right] + a_t r_t^A - \gamma a_t^{2b} \right\} \tag{7.45}$$

计算可得二阶条件小于0,那么最优化一阶存在最大值,使得式(7.45)最大化的a_t为:

$$a_t = \frac{r_t^A - r_t^f}{2\gamma^b} \tag{7.46}$$

由式(7.46)可知,典型银行最优风险承担水平a与r_t^A呈正比,与r_t^f、γ^b呈反比。

下面分析将金融稳定纳入货币政策目标后对最优政策利率的影响。由于考虑了金融稳定的货币政策,央行需要考虑将金融发生系统性风险所产生的外部性成本纳入其目标损失函数:

$$\max_{r_t^f \geq 0, \forall_t} L = \max_{r_t^f \geq 0, \forall_t} \left\{ \sum_{t=0}^{T} \theta^t \left[(1-\lambda)(y_t - \bar{y}_t)^2 + (\pi_t - \bar{\pi}_t) \right] + \lambda \gamma^s \alpha_t^2 \right\} \tag{7.47}$$

其中,θ表示贴现率水平;λ表示中央银行赋予金融稳定目标的权重,$0 < \lambda < 1$,λ值越大,表示中央银行对金融稳定的重视程度越高;$\gamma^s a_t^2$表示金融危机发生时导致的社会福利损失。

将式(7.43)、(7.44)、(7.46)代入式(7.47),可得:

$$\max_{r_t^f \geq 0, \forall_t} L = \max_{r_t^f \geq 0, \forall_t} \left\{ \sum_{t=0}^{T} \theta^t \left[(1-\lambda) k_y^2 (r_t^f - r_t^*)^2 + k_\pi^2 (r_t^f - r_t^*)^2 \right] + \lambda \gamma^s \left(\frac{r_t^A - r_t^f}{2\gamma^b} \right)^2 \right\} \tag{7.48}$$

根据最优化方法,解出中央银行目标损失函数最小化的政策利

率为:

$$r_t^f = \frac{Ar_t^* + Br_t^A}{A+B} = r_t^* + \frac{B(r_t^A - r_t^*)}{A+B} \qquad (7.49)$$

其中: $A = 2(1-\lambda)(k_y^2 + k_\pi^2), B = \frac{\lambda \gamma^s}{2(\gamma^b)^2}$

由式(7.49)可知,(1)不包含金融稳定目标时,$\lambda = 0, r_t^f = r_t^*$,央行最优利率保持在 r_t^*。(2)包含金融稳定目标时,由于 $r_t^A > r_t^*, A > 0, B > 0$ 央行最优利率水平为 $r_t^f > r_t^*$。比较发现,考虑金融稳定目标后,央行最优利率水平高于不考虑金融稳定目标下的情形。于是得出结论1。

结论1:纳入金融稳定目标的货币政策规则需要对金融脆弱性做出反应。

同理,如果中央银行按照传统的利率规则($r_t^f = r_t^*$)行事,即不考虑金融稳定目标,那么银行风险承担水平为 $a_t^0 = \frac{r_t^A - r_t^*}{2\gamma^b}$,如果考虑了金融稳定目标,那么金融体系风险承担为 $a_t^* = \frac{r_t^A - r_t^f}{2\gamma^b}$。由于 $r_t^A > r_t^*$,故 $\alpha_t^* > \alpha_t^0$。即央行考虑了金融稳定目标后,金融体系的风险承担将下降,于是得到结论2。

结论2:纳入金融稳定目标的利率规则有助于降低金融脆弱性。

接下来通过比较静态分析,得出各相关变量对中央银行利率水平的影响。

① $\frac{\partial r_t^f}{\partial k_y} < 0, \frac{\partial r_t^f}{\partial k_\pi} < 0$ 表明中央银行确定的最优目标利率水平 r_t^f 随着产出 k_y 和通胀 k_π 缺口相对于利率调整的弹性增加(下降)而下降(增加)。

② $\frac{\partial r_t^f}{\partial \gamma_s} > 0, \frac{\partial r_t^f}{\partial \gamma_b} < 0$ 表明央行最优利率水平 r_t^f 随着社会福利损失 γ^s

的上升(下降)而上升(下降),随着银行损失成本 γ^b 的上升(下降)而下降(上升)。

③ $\frac{\partial r_t^f}{\partial (r_t^A - r^*)} > 0$,表明央行最优利率水平 r_t^f 随利率的市场风险溢价水平 $(r_t^A - r^*)$ 的上升(下降)而上升(下降)。

④ $\frac{\partial r_t^f}{\partial \lambda} > 0$,表明央行最优利率水平 r_t^f 随中央银行对金融稳定目标的偏好程度 λ 的提高(下降)而上升(下降)。

根据上述静态分析,我们可以得出结论3。

结论3:中央银行考虑金融稳定目标后倾向于确定相对较高的最优利率,并且最优利率应随市场风险溢价水平的上升而上升。

至此,本章从3个结论初步分析了考虑金融稳定目标的货币政策规则与未考虑金融稳定目标的货币政策规则之间的差异。模型显示:如果中央银行的货币政策规则不考虑金融稳定目标,将导致最优利率出现系统性的低估。造成这种低估的原因或许在于未能长远考虑金融脆弱性所带来的通胀成本和潜在产出损失,造成货币政策决策的狭隘性与滞后性。因此考虑现实的金融脆弱性,现行的货币政策目标应该纳入金融稳定。

2. 央行实现金融稳定目标的政策策略

(1)建立前瞻性货币政策规则。前瞻性货币政策规则是指在对未来充分预期的前提下,提前制定满足市场需求的货币政策。前瞻性货币政策规则充分考虑货币政策传导效应的滞后性,将前瞻性行为引入货币政策规则之中,能够有效增强货币政策操作的实用性。前瞻性的货币政策规则应该着眼于整个经济周期内的全部风险,而不仅仅是权衡当下的产出与通胀缺口。在这一规则指导下,央行确定的最优利率水平不仅要着眼于当前的经济发展与稳定,而且还要着眼于未来的经济发展与稳定。

(2)加强社会沟通,发挥好市场预期引导作用。中央银行沟通是指中央银行强化市场透明度,通过一系列信息的发布实现与市场的互动,进而影响宏观经济的行为。中央银行沟通具备货币政策工具效力,不仅能够有效引导经济主体形成与其目标一致的预期,还可以有效引导金融机构转变风险偏好,进而实现宏观调控目标。目前,传统货币政策工具的操作空间已经达到极限,央行沟通作为一种非常规货币政策,可以有效弥补我国传统货币政策工具的不足,丰富了我国货币政策菜单组合。

(3)货币政策与宏观审慎政策协调搭配。2008年美国经济危机之后,人们发现传统的货币政策在防范金融危机方面存在不足,需要构建新的宏观政策框架来弥补货币政策的不足,宏观审慎政策框架重要性凸显。宏观审慎政策从整体上、系统上控制金融风险的发生与蔓延,避免了因金融风险的爆发而产生的负外部性。其政策工具存贷款价值比、资本充足率、动态拨备等具有典型的逆周期性,可以确保金融机构的稳健性经营。因此在制度设计上,尽早建立主责部门明确、协调机制通畅、工作流程清晰的宏观经济部门联席会议制度,增强货币政策操作市场透明度,定期公开货币政策、财政政策、收入政策、结构性宏观政策以及金融监管的运行情况,降低市场主体对宏观经济政策因为预期偏差所产生的震动,确保整个金融体系平稳健康运行。

本章小结

本章区分了货币政策目标是否包含金融稳定两种情况。在分析传统货币政策框架不包含金融稳定目标时,在梳理现有文献关于货币政策是否对资产价格波动做出反应基础上,借鉴Ball模型,构建了资产价格波动与货币政策反应之间的理论模型。模型表明,央行实施货币政策进行宏观调控采取的最优利率不仅取决于当期的产出与通胀缺口,同时还取决于资产价格变化及其随机扰动项,并利用我国数据进行了实证分析。基于上述理论与实证分析,就我国传统货币政策框架选择进行了探讨,并在此基础上提出了货币政策干预资产价格波动的相应策略。在分析新货币政策框架包含金融稳定目标时,通过对安格(Agur)(2009)、安格和迪莫特斯(Ague and Demertzis)(2010)模型框架的修正与扩展,详细分析金融稳定对中央银行货币政策规则的影响。结果表明:如果中央银行的货币政策规则不考虑金融稳定目标,将导致最优利率出现系统性的低估,造成这种低估的原因或许在于未能长远考虑金融脆弱性所带来的通胀成本和潜在产出损失,造成货币政策决策的狭隘性与滞后性。因此考虑现实的金融脆弱性,现行的货币政策应该将金融稳定纳入其目标框架。相应政策的启示是:建立科学的货币政策引导规则、加强社会沟通,发挥好市场预期引导作用、货币政策与宏观审慎政策协调搭配。

八 基于宏观效应的金融脆弱性与宏观政策协调搭配

（一）引 言

最近二三十年的世界经济危机表明,造成经济波动的扰动源主要来自金融市场,尤其是因资产价格巨幅波动引发的金融脆弱性。人们从金融危机的反思中认识到,由于忽视了金融风险的跨市场传播,缺乏相应全局的、整体的、逆周期视角的有效措施,导致整个金融市场持续的剧烈震荡,最终触发金融危机频频爆发。葛尔曼（Kollmann）(2012)、克莱森斯、科斯和特罗内斯（Claessens、Kose、Terrones）(2012)、亚科维耶洛（Iacoviello）(2013)的研究指出,金融冲击的影响已上升为近年经济周期波动的主要因素,其对经济波动的贡献已经超过50%。金融脆弱性的发生一般具有突发性和不易察觉性,往往在实体经济运行平稳、物价稳定情况下突然爆发,给宏观经济造成难以估量的损失。2008年的美国金融危机以及2010年的欧洲主权债务危机更加证实了金融脆弱性危害的严重性和持续性。传统以产出和价格稳定为唯一目标的宏观货币政策和维持单个金融机构稳定的微观审慎监管政策并不能确保金融稳定,建立宏观审慎政策框架的重要性凸显。

近年来,国际清算银行、G20组织、巴塞尔委员会等国际组织都对宏观审慎政策框架给予了特别的关注。特别是巴塞尔协议Ⅲ重点将流动性覆盖率、杠杆率、逆周期资本缓冲、净稳定融资比率指标等引入监管,重点防范导致金融危机的信贷顺周期性、"大而不倒"、金融监管缺失等问题。构建宏观审慎政策框架,可以有效弥补货币政策忽视对资产价格波动关注而导致金融危机爆发。但是在构建过程中,不可避免要涉及宏观审慎政策与货币政策效果兼容的讨论。博里奥和西蒙(Borio and Shim)(2007)研究表明,宏观审慎政策可以有益补充货币政策的不足,起到金融体系系统稳定的作用。萨尔(Unsal)(2011)研究显示,宏观审慎工具、措施、手段可以有效地弥补货币政策,即使在货币政策比较激进的情况下,引入宏观审慎政策依然是福利增进的。刘和王(Liu. Z. and P. F. Wang)(2010)通过构建理性预期经济周期模型对产出波动进行了理论分析,结果表明中央银行运用贷款总量和贷款价值率等宏观审慎工具与货币政策协调搭配,能够有效地抑制产出缺口的波动。格兰(Gelain)(2011)认为利率对房价或信贷做出反应虽然有助于增强一些宏观变量的稳定性,但同时也会加大其它宏观变量特别是通货膨胀的异常波动,而贷款收入比率是抑制经济过度波动的最有效工具。安格林等(Angelin et al)(2012)研究表明,在经济周期由供给冲击驱动的正常时期,宏观审慎政策对金融稳定的影响不明显,但是在经济周期由金融冲击驱动的非正常时期,其对金融稳定的影响非常明显。博(Beau et al.)(2012)等研究则认为,在烫平经济周期、减少经济波动等方面,相对于货币政策和宏观审慎政策协调配合,各自分开的政策更为有效。在通常情况下,货币政策可以对宏观经济进行很好的调控,一旦受到金融冲击,此时最好的政策组合应该是宏观审慎政策盯住信贷稳定,货币政策盯住价格稳定。

目前,我国学者在借鉴国外模型的基础上对宏观审慎政策和货币政策效果之间的协调性进行了有益的探索。马勇(2013)运用包含金融体系的 DSGE 模型,详细分析了宏观审慎政策与货币政策之间的协调搭配问题,提出了"政策冲突"与"政策重叠"的观点。程璐(2015)运用 DNK – DSGE 模型,引入金融加速器机制,研究外部冲击下,央行分别运用不同政策工具与宏观审慎政策工具相配合等三种政策机制作用下对经济波动、金融系统稳定和福利损失的影响。庞晓波、王作文、王国铭(2013)认为,由于宏观审慎政策工具是专门应对金融冲击所专门设计的扩展性工具,对货币政策而言,宏观审慎政策应该是有益的补充而非代替品。

当下,由于央行货币的快速变化、美国次贷危机的冲击、资本监管的顺周期性等诸多因素,使得我国金融脆弱性程度不断加大。由于我国的金融体系是以银行为主导,宏观审慎监管政策和货币政策的传导实际上都要依赖银行体系的信贷渠道。现有关于宏观审慎政策和货币政策协调搭配的理论文献,虽然都建立在 DSGE 模型基础上,但其模型假定基本都未考虑银行脆弱性问题。事实上,过去 20 多年里,由于金融自由化和经济全球化步伐的加快,一些国家和地区频频出现金融市场动荡、商业银行脆弱性频发的现象,商业银行不再是无资产约束的"完美"个体,这必然使得研究结论与现实有很大出入。同时现有分析大多是笼统分析外部冲击下货币政策与宏观审慎政策效应协调性,没有仔细区分传统冲击与非传统冲击特别是在考虑金融脆弱性情况下具有怎样的宏观效应,以及面对这样的宏观效应,将采取何种形式的宏观政策搭配。

基于此,本章首先将家庭区分为耐心家庭和非耐心家庭,同时放松金融脆弱性假设,并引入金融加速器效应,借鉴亚克维耶洛(Iacoviello)(2005)附录中的扩展模型,构建了 DNK – DSGE 模型。根据研究目的,本章系统回答以下两个核心问题:

(1)传统外部冲击与非传统外部冲击下,金融脆弱性宏观效应具有怎样的传递性和持续性?

(2)传统外部冲击与非传统外部冲击下的金融脆弱性宏观效应,宏观政策应该如何协调搭配?

本章的新意在于:(1)放松了"完美银行"隐含假设,考虑了金融脆弱性特征,使得理论模型更加符合现实经济,增强了理论模型的解释力;(2)对传统的泰勒规则、加强的泰勒规则、传统的泰勒规则与宏观审慎政策协调配合、加强的泰勒规则与宏观审慎政策协调配合四种不同政策机制下,区分检验传统外部冲击和非传统外部冲击对经济波动的影响,以寻求经济在应对不同外部冲击时的最优政策选择。

(二)考虑银行脆弱性的银行与借款者最优行为分析

银行是一种高负债经营的企业,在经营过程中会因为种种意外的冲击引发诸多风险,甚至一些冲击会引致银行破产,其最直接后果是"银行违约",一般用违约概率 $\mu_b(0<\mu^b<1)$ 来表示。μ^b 越大,表示银行脆弱性越大,反之,银行脆弱性越小。

假设银行存在资本约束,在 t 期,其资产负债表恒等式为:

$$资产(B_t) = 负债(D_t) + 所有者权益(E_t) \tag{8.1}$$

假设企业在时期末以自有资金 N_{t+1}^j 和筹措的外源性资金 B_{t+1}^j,按照市场价格 q_t 购买 K_{t+1}^j 单位资本供 $(t+1)$ 时期使用。企业 j 在 $(t+1)$

时期投资回报率为 $\omega^j r^k_{t+1}$，r^k_{t+1} 表示平均投资回报率，ω_j 表示个体企业风险，是一个独立同分布连续的随机变量，其一阶可微的分布函数为 $F(\omega)$，与 r^k_{t+1} 无关，满足 $\omega^j \geq 0, E\{\omega^j\} = 1$。银行通过负债($E_t$)和所有者权益($E_t$)以 i^j_{t+1} 的利率向企业 j 提供数量 B^j_{t+1} 的贷款。假设因为经济周期的影响，企业经营困难出现财务状况恶化无法偿还银行贷款，银行由于收不回贷款本息，只能申请对企业破产清算来获得部分补偿以降低损失。假如企业破产清算价值表示为 $\omega^j r^k_{t+1} q_t K^j_{t+1}$，鉴于信息不对称、代理成本的存在，银行需要支付一定的审计成本 $u\omega^j r^k_{t+1} q_t K^j_{t+1}$，则银行实际获得净收益为 $(1-u)\omega^j r^k_{t+1} q_t K^j_{t+1}$。

假定外生经济冲击临界值为 $\overline{\omega}^j$，当时 $\omega^j = \overline{\omega}^j$，企业贷款投资收益正好等于偿还银行贷款，企业期末净利润为零，满足无套利条件：

$$\overline{\omega}^j r^k_{t+1} q_t K^j_{t+1} = i^j_{t+1} B^j_{t+1} \tag{8.2}$$

当 $\omega^j = \overline{\omega}^j$ 时，企业投资收入足以归还贷款，且存在超额收益 $\omega^j r^k_{t+1} q_t K^j_{t+1} - i^j_{t+1} B^j_{t+1}$；反之，当 $\omega^j < \overline{\omega}^j$ 时，企业因收不抵支而宣布破产。

1. 违约概率与银行最优契约安排

商业银行在进行贷款发放时，除了考虑贷款的收益外，还必须考虑企业违约可能带来的损失，因此可以用贷款的违约概率代表银行的风险偏好。当银行具有较强的贷款发放冲动时，银行的风险偏好增强，愿意冒险去获取更高的利润水平而承担更大的违约风险，此时银行脆弱性就越大。古德哈特等(Goodhart et al)(2005)认为，一旦银行陷入"挤兑困境"，就会对银行声誉、品牌、口碑等无形资产造成不可挽回的恶劣影响，稍微不慎会有破产风险，在收益上可视为因银行违约而导致的罚款。在银行存在资本约束时，银行违约损失表示为:违约损失 = 风险暴露 * 违约概率 * 违约罚款 = $B^j r^* \mu^b \lambda^b$,其中,r^* 表示存款利率,λ^b 代表每单位违约银行需要承担的各类隐性的货币化损失。

首先讨论银行如何确定最优契约安排下的贷款利率,合理假设银行能通过资产组合消除非系统性风险,因此本章只考虑系统性风险下最优契约安排的情况:

当整个经济体存在系统性风险时,企业行业平均收益率 r^k_{t+1} 是不确定的,在现有的贷款数量 B^j_{t+1} 和投资规模 $q_t K^j_{t+1}$ 约束下,银行和企业经过充分协商后会约定一个最优的贷款利率 i^j_{t+1},则考虑违约损失之后银行 B 的预期净收益为:

$$E\pi^b_{t+1} = \{[1 - F(\bar{\omega}^j)]\bar{\omega} + (1-u)\int_0^{\bar{\omega}^j} \omega dF(\omega)\} E(r^k_{t+1}) q_t K^j_{t+1} - (D+E)r - \lambda_b \mu^b r \beta^j \tag{8.3}$$

其中,$\{[1 - F(\bar{\omega}^j))]\bar{\omega} + (1-u)\int_0^{\bar{\omega}^j} \omega dF(\omega)\} E(r^k_{t+1}) q_t K^j_{t+1}$ 代表银行的预期收益,$(D_{t+1} + E_{t+1})r$,代表贷款的机会成本,$\lambda_b \mu^b r B^j_{t+1}$ 代表银行因违约而遭受的违约损失。结合式(8.1)和 $B^j_{t+1} = q_t K^j_{t+1} - N^j_{t+1}$,最优契约安排下的临界冲击值 $\bar{\omega}^j$ 满足如下无套利条件:

$$\{[1 - F(\bar{\omega}^j)]\bar{\omega} + (1-u)\int_0^{\bar{\omega}^j} \omega dF(\omega)\} E(r^k_{t+1}) q_t K^j_{t+1} - \lambda_b \mu^b r (q_t K^j_{t+1} - N^j_{t+1}) = r(q_t K^j_{t+1} - N^j_{t+1}) \tag{8.4}$$

式(8.4)表明,$\bar{\omega}^j$ 大小取决于违约概率 μ^b 和 r^k_{t+1} 的事后值,根据式(8.2),可得银行确定的最优贷款利率为:

$$i^j_{t+1} = \bar{\omega}^j E(r^k_{t+1}) q_t K^j_{t+1} / B^j_{t+1}。$$

2. 违约概率与企业最优投资规模

根据上节内容,在给定状态的最优借款契约下,根据式(8.2),可

得企业贷款的预期收益,这也是企业家的目标函数:

$$E\pi_{t+1}^j = \{\int_{\bar{\omega}^j}^{\infty} \omega^j dF(\omega^j) - [1 - F(\bar{\omega}^j)]\bar{\omega}^j\} E(r_{t+1}^k) q_t K_{t+1}^j \quad (8.5)$$

此处的预期收益由随机变量决定,结合式(8.4),可以得到企业家的最优化问题:

$$\max_{\bar{\omega}^j, q, K_{t+1}^j} E\pi_{t+1}^j = \{\int_{\bar{\omega}^j}^{\infty} \omega^j dF(\omega^j) - [1 - F(\bar{\omega}^j)]\bar{\omega}^j\} E(r_{t+1}^k) q_t K_{t+1}^j \quad (8.6)$$

$$st\{[1 - F(\bar{\omega}^j)]\bar{\omega} + (1-u)\int_0^{\bar{\omega}}\omega dF(\omega)\} E(r_{t+1}^k) q_t K_{t+1}^j - \lambda_b \mu^b r (q_t K_{t+1}^j - N_{t+1}^j) = r(q_t K_{t+1}^j - N_{t+1}^j) \quad (8.7)$$

上述企业最大化问题容易求解,现在记外部融资风险升水 $s \equiv E(r^K/r^*)$ 表示预期资本回报相对于银行机会成本的溢价;企业融资杠杆系数为 $k \equiv qK/N$,表示企业总投资与净资产比;下面构造条 l 件下的拉格朗日函数:

$$L(\bar{\omega}, \lambda, k) = \{\int_{\bar{\omega}}^{\infty} \omega^i dF(\omega^i) - [1 - F(\bar{\omega}^j)]\bar{\omega}^j\} sk + l\{[1 - F(\bar{\omega}^j)]\bar{\omega} + (1-u)\int_0^{\bar{\omega}}\omega dF(\omega)\} sk - (\lambda_b \mu^b + 1)(k - 1) \quad (8.8)$$

最大化问题内点解的最优一阶条件为:

$\bar{\omega}$: $1 - F(\bar{\omega}) - \lambda[(1 - F(\bar{\omega})) - u\bar{\omega}F(\bar{\omega}) - \mu^b \lambda_b(k-1)]$

k: $\{[1 - \int\int_0^{\bar{\omega}} \omega dF(\omega) - \bar{\omega}\int_{\bar{\omega}}^{\infty} dF(\omega)] + \lambda[\int_0^{\bar{\omega}} \omega dF(\omega) + \bar{\omega}\int_{\bar{\omega}}^{\infty} dF(\omega) - u\bar{\omega}F(\bar{\omega})]\}s - \lambda(\mu^b \lambda_b + 1) = 0$

λ: $[\int_0^{\bar{\omega}}\omega dF(\omega) + \bar{\omega}\int_{\bar{\omega}}^{\infty} dF(\omega) - u\bar{\omega}F(\bar{\omega})] sk - (\mu^b \lambda_b + 1)(k-1) = 0 \quad (8.9)$

式(8.9)给出了局部均衡状态下企业与银行的最优行为关系,揭示了银行违约概率、企业融资杠杆系数、风险临界值、投资规模和资金需求之间的对应关系。

(三)DNK-DSGE 基本模型、数据及指标说明

通过对上述局部均衡模型的推导可知,一些经济变量包括企业行业平均收益率、银行无风险利率水平等都是外生给定的,接下来将上述局部均衡模型嵌入 DNK—DSGE 模型框架,将这些变量内生化。

1. 模型描述

本章在亚克维耶洛(Iacoviello)(2005)、亚克维耶洛和内里(Iacoviello and Neri)(2010)模型基础上,引入 Bernanke(1998)金融加速器模型,构建了封闭经济下的 DNK-DSGE 模型。模型包括五个部门:家庭(包含耐心家庭和非耐心家庭)、生产性企业、零售商、商业银行及中央银行。家庭在初始财富约束下,在存续期内工作、消费和储蓄,其中耐心家庭不能向非耐心家庭直接贷款,只能通过商业银行借贷;非耐心家庭由于受到资本约束,需要使用抵押品才能贷款;生产企业风险为中性,且生产函数服从柯布-道格拉斯生产函数,在生存期内生产商品、融资,商品价格短期存在粘性;零售商的作用在于价格粘性的假设,在完全竞争市场上购买商品并在垄断竞争市场上分发零售;金融机构从零售商购买部分最终产品后再生产有效投资品。鉴于商业银行自身杠杆率和外部金融环境影响,商业银行在考虑贷款项目预期回报的同时,还需考虑由于项目违约所带来的一切损失;中央银行根据泰勒规则调整名义利率;所有的商品销售不仅可以满足消费、投资、政府购买,还可以抵补商业银行的审计成本。金融加速器机制通过房地

产融资代表资产价格波动来实现;中央银行运用货币政策和宏观审慎政策对经济加以干预。商品销售不仅可以满足消费、投资、政府购买,还可以抵补商业银行的审计成本。

(1) 家庭

① 耐心家庭

耐心家庭在消费、劳动、住房之间进行权衡,以效用最大化为目标,其效用函数为:

$$maxE_0 \sum_{t=0}^{\infty} \beta_s^t [\log(C_{s,t} - \varepsilon C_{s,t-1}) + \xi_t^D \log\{(1-\delta)D_{s,t-1} + [1 - S(\frac{I_{s,t}}{I_{s,t-1}})]I_{s,t}\} - \frac{(N_{s,t})^{j+1}}{\varphi + 1}] \quad (8.10)$$

其中:$\beta_s \in (0,1)$代表耐心家庭折旧率,E_0是期望值,$C_{s,t}$代表非耐用品消费,ε代表消费习惯倾向,δ代表房地产存量折旧,$D_{s,t-1}$代表耐用品消费(房产),$S(\cdot)$代表调整成本函数,$S''(>)0$,其稳态水平$\bar{S} = \bar{S}' = 0$,$I_{s,t}$表示房地产投资,$\frac{1}{j+1}$代表劳动力供给弹性,且服从均值为零的 AR(1)分布,表示房地产偏好冲击,$N_{s,t}$代表劳动时间,在两部门经济中,其预算约束条件为:

$$P_t^c C_{s,t} + P_t^D I_{s,t} + B_{s,t} \leq R_{s,t-1} B_{s,t-1} + W_t^c N_{s,t}^C + W_t^D N_{s,t}^D + \Pi_t \quad (8.11)$$

其中:P_t^D和P_t^c表示耐用品与非耐用品的市场价格,$B_{s,t}$表示银行存款,W_t^D和W_t^c代表两部门工资,$R_{s,t}$表示存款利率,$P_{s,t}$表示获取的利润总额。

耐心家庭效用最大化一阶条件为:

$$U_{C_{s,t}} = \lambda_t P_t^C \quad (8.12)$$

$$U_{D_{s,t}} = g_t - \beta_s(1-\delta)Eg_{t+1} \quad (8.13)$$

$$\lambda_t P_t^D = g_t \{1 - S(\frac{I_{s,t}}{I_{s,t-1}}) - S'(\frac{I_{s,t}}{I_{s,t-1}})\frac{I_{s,t}}{I_{s,t-1}}\}\beta_s E_t g_{t+1}\{S'(\frac{I_{s,t}}{I_{s,t-1}})\frac{I_{s,t}}{I_{s,t-1}}\}$$

$$(8.14)$$

其中:λ_t 表示预算约束的拉格朗日乘子,g_t 是方程(8.10)的拉格朗日乘子。同时假设劳动供给在不同部门间是不完全替代的,因此劳动供给函数为:

$$N_b^t = [a^{-n_N}(N_{s,t}^C)^{1+n_N} + (1-a)^{-n_N}(N_{s,t}^D)^{1+n_N}]^{\frac{1}{1+n_N}} \quad (8.15)$$

其中:n_N 代表变换部门的劳动负效用。

结合式(8.10)和(8.15),劳动力供给一阶条件表达式为:

$$N_{s,t}^{\varphi-n_N}\alpha^{-n_N}(N_{s,t}^C)^{n_N} = \frac{1}{C_{s,t} - \varepsilon C_{s,t-1}}P_t^C \quad (8.16)$$

$$N_{s,t}^{\varphi-n_N}(1-\alpha)^{-n_N}(N_{s,t}^D)^{n_N} = \frac{1}{C_{s,t} - \varepsilon C_{s,t-1}}\frac{W_t^D}{P_t^D} \quad (8.17)$$

②非耐心家庭

非耐心家庭的效用函数为:

$$\max E_0 \sum_{t=0}^{\infty} \beta_b^t [\log(C_{b,t} - \varepsilon C_{b,t-1})\xi_t^D \log\{(1-\delta)D_{b,t-1}$$
$$+ [1 - S(\frac{I_{b,t}}{I_{b,1}})]I_{b,t}\} - \frac{(N_{b,t})^{\varphi+1}}{\varphi+1}] \quad (8.18)$$

其中:$\beta_0 \in (0,1)$ 代表非耐心家庭折旧率,且 $b_b < b_s$,表明非耐心家庭相比耐心家庭更缺乏耐心。

非耐心家庭的预算和抵押约束条件为:

$$P_t^C C_{b,t} + P_t^D C_{b,t} + R_{b,t-1}B_{b,t-1} \leq B_{b,t} + W_t^C N_{b,t}^C + W_t^D N_{b,t}^D \quad (8.19)$$

其一阶条件与耐心家庭一阶条件相似,这里不再赘述。

(2)生产企业

假定耐用品部门生产企业的生产函数为:

$$Y_t^D = [\int_0^1 Y_t^D(j)^{\frac{\theta_D-1}{\theta_D}}dj]^{\frac{\theta_D}{\theta_D-1}} \quad (8.20)$$

其中 Y_t^D 为最终产品的产出,θ_D 为各种中间产品的替代弹性,$Y_t^D(j)$ 为中间产品的投入。

生产商的资本累积方程为:

$$K_t = (1-\delta_k)K_{t-1} + I_t \qquad (8.21)$$

最终商品价格为：

$$P_t^D = \left[\int_0^1 P_t^D(j)^{1-q_D} dj\right]^{\frac{1}{q_D-1}} \qquad (8.22)$$

非耐用品部门与耐用品部门的生产函数和商品价格类似，这里不再赘述。

(3) 零售商

零售商先到完全竞争市场上从生产企业处购买产品，然后把产品拿到垄断竞争市场上进行销售。假设购买成本等于生产企业的边际成本，销售价格会根据市场调价信号及时更新。假定耐用品部门和非耐用品部门零售商生产函数分别为：

$$Y_t^D(j) = N_{s,t}^D(j) \qquad (8.23)$$

$$Y_t^C(j) = A_t^C N_{s,t}^C \qquad (8.24)$$

假设在非耐用品部门，零售商的生产函数会受到技术 A_t^C 的冲击，且服从 $AR(1)$ 分布。

零售商由于追求成本最小化，边际成本分别为：

$$MC_t^D = W_t^D / P_t^D \qquad (8.25)$$

$$MC_t^C = \frac{W_t^C / P_t^C}{A_t^C} \qquad (8.26)$$

在耐用品部门，零售商利润最大化，得到目标函数为：

$$\max E_0 \sum_{K=0}^{\infty} \phi_D^k \Lambda_{t,t+k} \left\{ \left[\frac{P_t^D(j)\left(\frac{P_{t+1}^D}{P_{t-1}^D}\right)^{\varphi_D}}{P_{t+k}^D} - MC_{t+k}^D \right] Y_{t+k}^D(j) \right\} \qquad (8.27)$$

并服从于未来需求：

$$Y_{t+k}^D(j) = \left[\frac{P_t^D(j)}{P_{t+k}^D}\left(\frac{P_{t+k-1}^D}{P_{t-1}^D}\right)^{j_d}\right]^{-\varphi_D} Y_{t+k}^D \qquad (8.28)$$

其中：$\Lambda_{t,t+k} = \beta^k \frac{\lambda_{t+k}}{\lambda_t}$ 代表随机折旧率，那么最优选择：

$$\frac{\bar{P}_t^D}{P_t^D} = \left(\frac{\theta_D}{\theta_D - 1}\right) E_t \left\{ \frac{\sum_{K=0}^{\infty} \beta \varphi_D^k \lambda_{t+k} (\prod_{s=1}^{k} \frac{P_{t+s-1}^D j^D}{P_{t+s}^D})^{-q^D} MC_{t+k}^D Y_{t+k}^D}{\sum_{K=0}^{\infty} \beta \varphi_D^k \lambda_{t+k} (\prod_{s=1}^{k} \frac{P_{t+s-1}^D j^D}{P_{t+s}^D})^{1-q^D} MC_{t+k}^D Y_{t+k}^D} \right\} \quad (8.29)$$

借鉴 Calvo 定价方法,可得耐用品部门的价格水平为:

$$P_t^D = \left\{ \phi_D \left[P_{t-1}^D (\Pi_{t-1}^D)^{\varphi_D} \right]^{-\theta^D} + (1 - \phi_D)(\bar{p}_t^D)^{1-\theta_D} \right\}^{\frac{1}{1-\theta_D}} \quad (8.30)$$

同理可得到非耐用品部门类似的表示式,不再一一赘述。

(4)中央银行

由于模型假设了价格粘性与金融摩擦,表明中央银行可以采用宏观审慎政策和货币政策对经济进行干预。现有文献表明,中央银行可以采取工具规则和目标规则来实现其政策目标,但是这两种规则孰优孰劣目前理论上还没有取得一致意见。本章根据研究目的以及我国现实情况,假设央行分别采用不同的工具规则即传统的泰勒规则、加强的泰勒规则、宏观审慎政策与传统的泰勒规则协调配合、宏观审慎政策与加强的泰勒规则协调配合等四种不同政策机制来干预经济,降低经济的波动性。

政策1:传统的泰勒规则

$$R_t = \left[\bar{R} \left(\frac{P_t^C}{P_{t-1}^C}\right)^{\gamma \pi} \left(\frac{Y_{t-1}}{Y_{t-1}^*}\right)^{\gamma y} \right]^{1-gr} (R_{t-1})^{1-\gamma r} \quad (8.31)$$

其中:Y^* 是潜在产出,γr 是利率惯性,γy 是利率对通胀的反应系数,$\gamma \pi$ 是利率对产出缺口的反应系数,稳态的通货膨胀率假设为0。

政策2:加强的泰勒规则

$$R_t = \left[\bar{R} \left(\frac{P_t^C}{P_{t-1}^C}\right)^{\gamma \pi} \left(\frac{Y_{t-1}}{Y_{t-1}^*}\right)^{\gamma y} \left(\frac{B_{b,t-1}}{B_{b,t-2}}\right)^{\gamma b} \right]^{1-\gamma r} (R_{t-1})^{1-\gamma r} \quad (8.32)$$

其中:γ_b 是利率对信贷增速的反应系数。较之传统泰勒规则,加强的泰勒规则不仅关注潜在产出和通货膨胀,也关注信贷增速。

政策3:宏观审慎政策和传统的泰勒规则

宏观审慎政策的主要目标是对金融中介进行调控,常用工具包括贷款价值比管理和逆周期资本要求比率,在于对房地产市场和信贷产生影响。其运行表达式分别为:

$$T(\overline{ltv}_t, ltv_t) = \psi_l^H \exp[\psi_r^H \frac{(\overline{ltv}_v - ltv_t)}{ltv}] \tag{8.33}$$

$$s(\overline{k}_t, k_t) = \psi_l^C \exp[\psi_r^C \frac{(\overline{k}_t - k_t)}{k}] \tag{8.34}$$

其中:$\overline{ltv}_t$、$\overline{k}_t$ 分别代表货币当局动态设置贷款价值比率和资本要求比率,Y_l 为干预的水平,Y_r 为管理的反应。其线性化表达式分别为:

$$\overline{ltv}_t' \rho_{ltv} \overline{ltv}_t' - 1 - m_{ph}^{ltv} P_t^{H'} \tag{8.35}$$

$$\overline{k}_t' = \rho_k \overline{K}_{t-1}' + m_l^k L_t' \tag{8.36}$$

其中:m_{ph}^{ltv} 代表贷款价值比管理对于房地产价格的反应,m_l^k 代表资本要求对总体信贷的反应,将式(8.31) + (8.33) + (8.34)称为宏观审慎政策和传统的泰勒规则。

政策4:宏观审慎政策和加强的泰勒规则

将式(8.32) + (8.33) + (8.34)称为宏观审慎政策与加强的泰勒规则。

(5)均衡条件

假设生产率冲击、货币政策冲击、金融冲击、房地产需求冲击过程如下:

$$A_t = \rho_a A_{t-1} + \varepsilon_{At} \tag{8.37}$$

$$M_t = \rho_m M_{t-1} + \varepsilon_{mt} \tag{8.38}$$

$$V_t = \rho_v V_{t-1} + \varepsilon_{vt} \tag{8.39}$$

$$H_t = \rho_h H_{t-1} + \varepsilon_{ht} \tag{8.40}$$

市场均衡条件分别为

商品市场均衡：

$$Y_t^C = \lambda C_{s,t} + (1-\lambda) C_{b,t}$$

$$Y_t^D = \lambda I_{s,t} + (1-\lambda) I_{b,t}$$

$$Y_t = \alpha Y_t^C + (1-\alpha) Y_t^D \tag{8.41}$$

金融市场均衡：

$$B_t = B_{s,t} + B_{b,t} \tag{8.42}$$

房地产市场均衡：

$$D_t = D_{s,t} + D_{b,t} \tag{8.43}$$

劳动力市场均衡：

$$N_t = N_{s,t} + N_{b,t} \tag{8.44}$$

宏观经济政策效益评估（社会福利分析）

为了评估上述四种政策机制下政策效果，按照当前福利经济学研究的通常做法，本章选用家庭（耐心家庭与非耐心家庭）的福利水平变化作为测度的依据。

$$welfare_t^s = \log(C_{s,t} - eC_{s,t-1}) + \xi_t^D \log\left\{(1-\delta)D_{s,t-1} + \left[1+S\frac{I_{s,t}}{I_{s,t-1}}\right]\right.$$

$$\left. I_{s,t}\right\} - \frac{(N_{s,t})^{\varphi+1}}{\varphi+1}) + \beta welfare_{t+1}^s \tag{8.45}$$

$$welfare_t^b = \log(C_{b,t} - \varepsilon C_{b,t-1}) + \xi_t^D \log\left\{(1-\delta)D_{b,t-1} + \left[1-S\right.\right.$$

$$\left.\left.\left(\frac{I_{b,t}}{I_{b,t-1}}\right)\right]I_{b,t}\right\} - \frac{(N_{b,t})^{\varphi+1}}{\varphi+1}\right] + \beta welfare_{t+1}^b \tag{8.46}$$

$$welfare_t = welfare_t^s + welfare_t^b \tag{8.47}$$

2. 数据分析

根据上文建立的模型，以及数据可获性，本章选取 2006 年 1 季度至 2016 年 1 季度的国内生产总值（y_t）、固定资产投资（i_t）、社会零售品销售总额(c_t)、信贷总量(cs_t)、中国房地产景气指数(h_t)、利率(一年期存款利率和贷款利率)、消费者价格指数(p_t)。上述数据来源于中经网数据库、国家统计局、央行网站和 Wind 数据库。为消除价格因素的影响,利用消费价格指数将相关数据的名义值转化为实际值。所有数据波动部分经过计量软件设定平滑参数为 1600 的 HP 滤波处理得到。

3. 参数设定

在现有 DSGE 模型中,参数设定一般采取两种方法:一是通过参照现有文献直接取值或者实际数据计算得出;二是采用贝叶斯方法进行估算。本章参照现有文献通常做法,将部分非估计参数参照国内外现有文献直接给出(见表 8.1),这里不再一一赘述。余下的非校准参数变量由模型估计得到,本章采用通行的贝叶斯估计法对 DSGE 模型进行参数估计。这些参数的先验分布值参照已有文献常用的分布给定,参数值估计由软件 Dynare4.3.0 根据相应算法模拟后验分布得到。(见表 8.2)。

表 8.1 模型校准参数值

参数变量	参数变量描述	参数数值	模型校准值来源说明
β_s	耐心家庭折旧率	0.9887	Iacoviello(2005、2010)、鄢莉莉、王一鸣(2012)
β_b	非耐心家庭折旧率	0.983	Iacoviello(2005、2010)、鄢莉莉、王一鸣(2012)
α	产出中资本所占份额	0.55	黄赜琳(2005)、简志宏等(2013)
δ	资本折旧率	0.026	龚六堂(2004)、崔光灿、(2005); Iacoviello(2005、2010)
n_N	劳动负效用	1.03	Iacoviello(2005、2010)
θ	中间产品的替代弹性	6	Bernake(1999)、Gertler et al(2003)

续表

参数变量	参数变量描述	参数数值	模型校准值来源说明
ϕ_D	耐用品的 Calvo 定价	0.75	Bernake(1999)、Gertler et al(2003)
ϕ_C	非耐用品的 Calvo 定价	0.75	Bernake(1999)、Gertler et al(2003)
ψ_l	宏观审慎干预的水平	0.5	梁璐璐等(2014)
ψ_r	宏观审慎管理反应水平	0.75	梁璐璐等(2014)
m_L^K	资本要求对总产出的反应	1.5321	本章自行计算
m_{PH}^{LTV}	贷款价值比管理对于房地产价格的反应	0.6893	本章自行计算
$\bar{\omega}$	企业项目风险	0.2747	杜清源、龚六堂(2005);宋玉华、李泽祥(2007)
$\lambda\mu^b$	商业银行违约损失	1.1	杜清源、龚六堂(2005);宋玉华、李泽祥(2007)
ν	企业存活率	0.9728	杜清源、龚六堂(2005);宋玉华、李泽祥(2007)
s	外部融资风险升水	1.0075	杜清源、龚六堂(2005);宋玉华、李泽祥(2007)
k	企业融资杠杆系数	1.186	杜清源、龚六堂(2005);宋玉华、李泽祥(2007)
$F(\bar{\omega}')$	企业破产率	0.03	杜清源、龚六堂(2005);宋玉华、李泽祥(2007)
$r^k - R$	相对风险溢价	0.01	杜清源、龚六堂(2005);宋玉华、李泽祥(2007)

表8.2 部分模型参数的贝叶斯估计结果

参数变量	参数含义	先验分布	先验均值	后验均值	置信区间	后验标准差
ε	消费倾向	Beta(0.8,0.1)	0.8	0.85	(0.802,0.916)	0.03
φ	劳动力供给弹性	Normal(1,0.5)	0.05	0.35	(0.308,0.401)	0.05
Λ	企业随机折旧率	Beta(0.8,0.05)	0.75	0.812	(0.748,0.863)	0.02
γr	利率惯性	Beta(0.8,0.1)	0.8	0.83	(0.778,0.904)	0.01
γy	利率对产出缺口的反应系数	Normal(1,0.1)	1	0.28	(0.323,0.187)	0.013
$\gamma \pi$	利率对通胀的反应系数	Normal(2,1)	2	1.42	(0.886,1.734)	0.014
γb	利率对信贷增速的反应系数	Normal(1,0.1)	1	0.33	(0.261,0.602)	0.04
$\overline{k}'_t$	信贷增速反应系数	Normal(1,0.1)	1	0.45	(0.398,0.495)	0.06
$\overline{ltv}'_t$	贷款价值比反应系数	Normal(1,0.1)	1	0.38	(0.372,0.427)	0.02
ρ_v	金融冲击系数	Beta(0.8,0.1)	0.8	0.85	(0.731,0.895)	0.06
ρ_a	生产率冲击系数	Beta(0.83,0.08)	0.83	0.871	(0.728,0.887)	0.05
ρ_h	房地产需求冲击系数	Beta(0.8,0.08)	0.8	0.86	(0749,0.948)	0.08
ρ_m	货币政策冲击系数	Beta(0.75,0.12)	0.75	0.451	(0.319,0.581)	0.13

4. 模型检验

为了检验本模型的适用性,本章将数据代入模型,检验其对实际经济的拟合程度(见表8.3)。表8.3给出了四种不同政策下模拟数据与实际数据的标准差。结果表明,模型在通货膨胀、信贷、利率等方面具有较好的拟合效果,在产出、房价等方面拟合效果相比有一点欠佳,但基本都在5%的临界值下可接受的范围,因此,模型对于真实经济具备相应的解释能力。

表8.3 实际经济与模拟经济的对比

	经济变量的标准差				
	实际值	政策1	政策2	政策3	政策4
产出	0.0258	0.0189	0.0241	0.0154	0.0241
通货膨胀	0.0428	0.0386	0.0417	0.0241	0.0391
信贷	0.0594	0.0341	0.0489	0.0542	0.0568
利率	0.0168	0.0137	0.0152	0.0099	0.0154
房价	0.0469	0.0128	0.0238	0.0137	0.0421

(四)模拟结果及分析

基于上述建立的模型,本章利用脉冲响应函数方法分区分考察传统外部冲击(生产率冲击、货币政策冲击)与非传统外部冲击(金融冲击、房地产需求冲击)在金融脆弱性假定条件下对消费、通货膨胀、产出、信贷、房地产投资、房地产价格的影响,并回答回答上文提出的两个问题。

(1)传统外部冲击与非传统外部冲击下,金融脆弱性宏观效应具有怎样的传递性和持续性?

从脉冲响应冲击路径来看(见图8.1—8.6):当经济面临生产率和货币政策等传统外部冲击时,在考虑了金融脆弱性特征后,经济冲击的宏观效应在受到冲击达到最大值后,随后会出现逆转,逐渐消化冲击对的宏观效应的影响,直至回归至正常水平,与未考虑金融脆弱性特征情况相比未出现明显的差异。但是当经济面临金融和房地产需求等非传统外部冲击时,在考虑了金融脆弱性特征后,经济冲击响应时间更长,经济中最大冲击出现的时间比未考虑金融脆弱性情况下的冲击延后2—3个季度,这意味着由于考虑金融脆弱性特征,增强了金融加速器作用,经济中的冲击更具持续性。这就要求政策监管部门在执行和实施宏观经济政策时,必须考虑金融脆弱性的系统性风险,这为我国今后实施宏观审慎政策提供了现实的理论依据。

(2)传统外部冲击与非传统外部冲击下的金融脆弱性宏观效应,宏观政策应该如何协调搭配?

在传统的外部冲击下,无论是生产率冲击还是货币政策冲击,四种政策机制下通货膨胀和产出的运行轨迹基本一致,传统外部冲击对经济影响程度不存在显著差异。表明在大多数传统经济周期内,宏观审慎政策并不剧烈影响通胀和产出的动态变化,单一的货币工具规则能有效防范经济的波动。当面临生产率负向冲击时,脉冲响应结果具体显示(见图8.1),短期内消费、信贷、房地产投资、房地产价格、产出均会出现下降,政策2下的产出波动最小,在长期内,各指标相继恢复到以前水平;同时图1还表明,中央银行无论使用哪种工具规则,生产率冲击对通货膨胀影响均较小,并没有随着负向的生产力冲击而下降,均不会导致通货膨胀迅速下降,这与国外相关研究一致。(Angelini、Neri and Panetta,2010)因此当宏观经济受到生产率冲击时,央行采取最优的宏观政策是加强的泰勒规则。

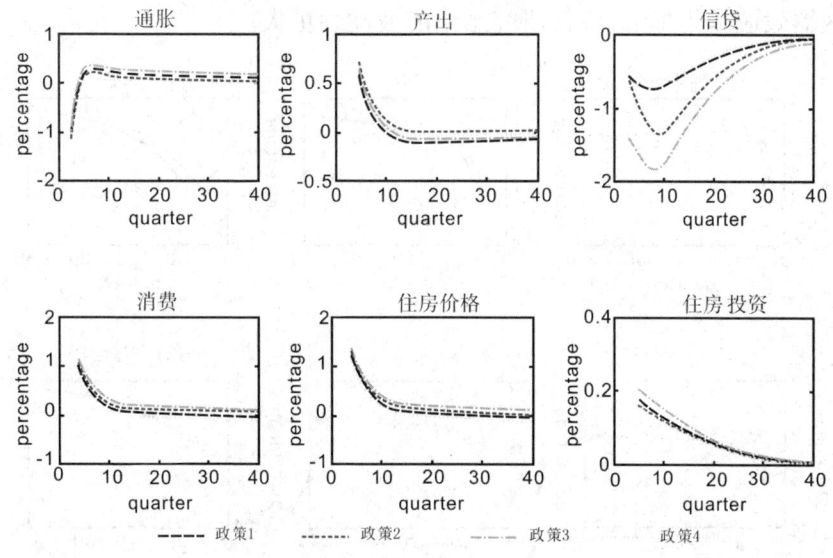

图 8.1 生产率冲击

当面临货币政策正向冲击时(见图 8.2),短期内消费、信贷、房地产投资、房地产价格、产出均会出现上升,政策 1 下的产出波动最小,政策 2 下的产出波动最大,说明当下我国由于金融创新、货币政策需求函数不稳定等原因,造成货币政策数量工具的效果比不上价格工具,这为我国未来货币政策操作工具的选择从数量工具向价格工具的转变提供了一个明显的信号。因此当经济受到货币政策冲击时,央行采取最优的宏观政策是泰勒规则。

在非传统的外部冲击下,无论是金融冲击还是房地产需求冲击,四种政策机制下通货膨胀和产出的动态变化都有着显著的差异,表明宏观审慎政策剧烈影响通胀和产出的动态变化,宏观审慎政策与货币工具规则的协调搭配能有效防范经济的剧烈波动。当面临负向金融冲击时,脉冲结果具体显示(见图 8.3),政策 4 下通货膨胀和产出波动最小,政策 1 下通货膨胀和产出有着剧烈的波动。研究结果与国内外研究结论具有一致性,但是考虑了商业银行的脆弱性,使得金融加速器效应作用加大,致使研究结论的波动性更大。

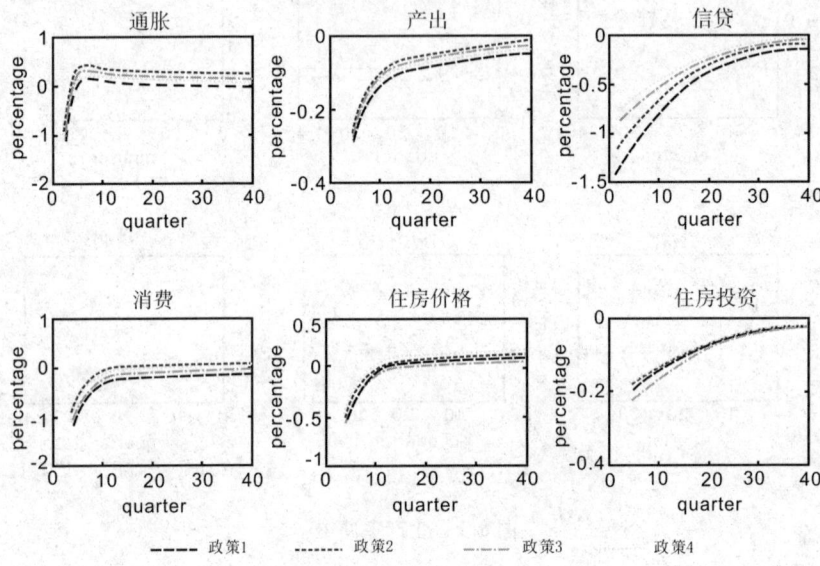

图 8.2　货币政策冲击

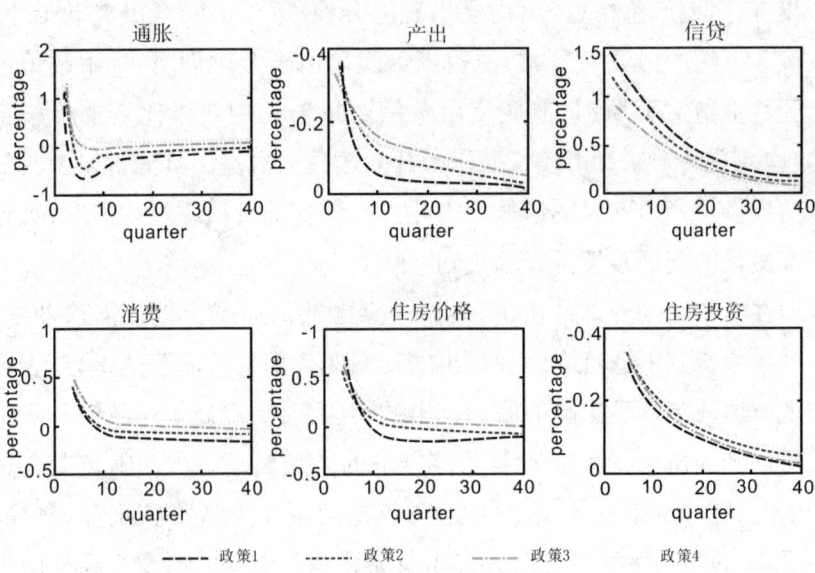

图 8.3　金融冲击

这是因为,当贷款利率提高,在政策1下,会引起房地产投资和价格的降低,使得抵押品价值降低,在金融加速器的作用下,非耐用家庭将获得更少的贷款,同时银行脆弱性风险加大,银行出于风险防范,缩紧银行信贷,导致整个社会消费和投资减少,产出和通货膨胀降低;在政策4下,当面临负向的金融冲击时,中央银行运用宏观审慎工具和货币政策混合工具,同时关注金融系统和实体经济稳定,一方面会放松借贷者的贷款条件;另一方面也会制约房地产价格和房地产投资波动过大。因此消费、投资和房地产价格并没有随着贷款利率上升而迅速下降,与前三种政策相比,进一步减少了通货膨胀和产出的波动。因此当经济受到金融冲击时,央行采取最优的宏观政策是加强的泰勒规则与宏观审慎政策的配合。

在房地产需求冲击下,脉冲响应结果显示(见图8.4):政策3的效果最好,说明央行采取宏观审慎政策与泰勒规则既维持了金融稳定,也提高了物价系统的稳定性。

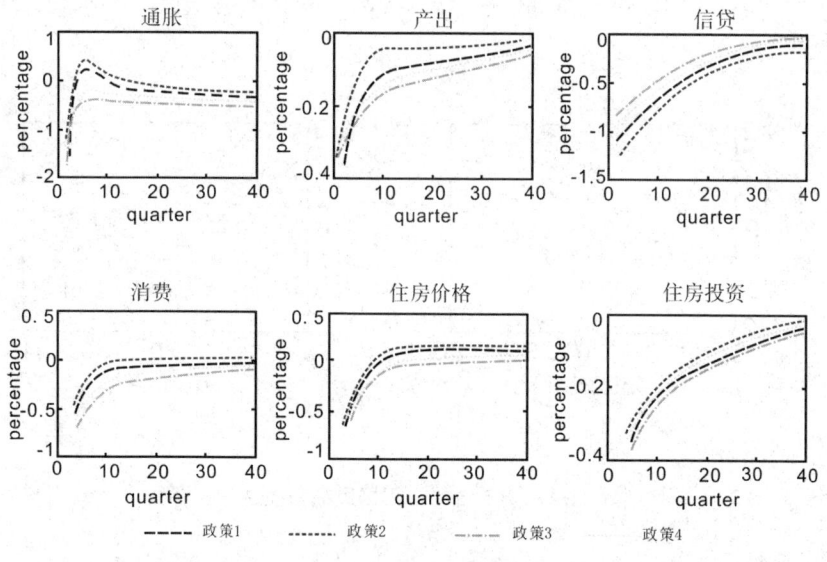

图8.4 房地产需求冲击

这是因为房地产需求的增大导致房地产价格升高,非耐用家庭必然会通过信贷增加对房产耐用品的投资,此时宏观审慎政策就提高了非耐用家庭信贷获取代价,短期内达到控制信贷需求急剧上升的冲动,从而使物价上升的压力转化为信贷上升的压力得到化解。在不执行宏观审慎政策时,耐用品资产偏好会直接导致物价上升,单一的货币政策或滞后的宏观审慎政策虽然最终都能达到控制通胀的目的,但政策实施成本显然比体制3下要大得多。因此当经济受到房地产需求冲击时,央行采取最优的宏观政策是传统的泰勒规则与宏观审慎政策的配合。

脉冲响应结果还显示,当经济受到生产率和货币政策等传统冲击时,在四种不同政策环境下,以代表家庭效用衡量的福利水平没有显著的差异(见图8.5)。这表明当国家经济处在平稳环境健康下,经济受到的传统冲击较小时,无论是单独使用货币工具规则还是使用货币工具规则与宏观审慎政策的配合,居民的福利波动都差不多。

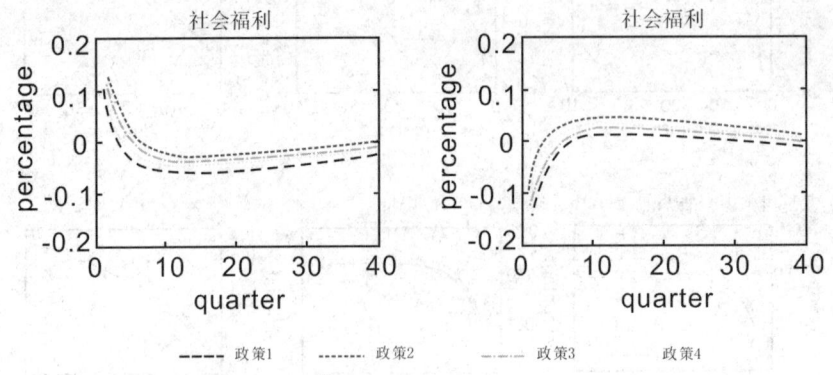

图8.5 传统冲击下居民福利损益

但是如果国家经济突然受到大幅的金融、房地产需求等非传统外部冲击时,银行系统面临较高的脆弱性风险,此时单独的货币政策难以缓解居民福利水平的波动,而货币工具规则与宏观审慎政策的配合能有效缓解这种波动,这体现了宏观审慎政策具有很强的稳定金融系统的功能(见图8.6)。

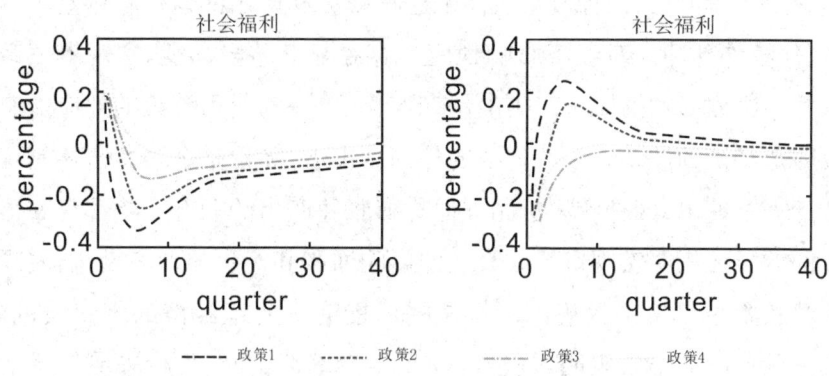

图8.6 非传统冲击下居民福利损益

(五)研究结论与政策建议

本章通过区分耐心家庭和非耐心家庭,考虑金融脆弱性现实,引入金融加速模型,构建了封闭经济条件下的 DNK – DSGE 模型,分别考察了传统外部冲击(生产率冲击、货币政策冲击)与非传统外部冲击(金融冲击、房地产需求冲击)对经济冲击具有怎样的宏观效应以及央行在面对金融脆弱性的宏观效应时采取何种宏观政策搭配(传统的泰勒规则、加强的泰勒规则、宏观审慎政策与传统的泰勒规则、宏观审慎政策与加强的泰勒规则)。模拟结果表明:当经济面临金融和房地产需求等非传统外部冲击时,在考虑了金融脆弱性特征后,经济冲击的宏观效应响应时间更长,经济中最大冲击出现的时间比未考虑金融脆弱性情况下的冲击延后2—3个季度。这意味着由于考虑金融脆弱性特征,增强了金融加速器作用,外部冲击的宏观效应更具持续性。

同时模拟结果发现,在传统的外部冲击下,无论是生产率冲击还是货币政策冲击,四种政策机制下通货膨胀和产出的运行轨迹基本一致,传统外部冲击对经济影响程度不存在显著差异,表明宏观审慎政策并不剧烈影响通胀和产出的动态变化,单一的货币政策的效应能有效防范经济的波动。在非传统的外部冲击下,无论是金融冲击还是房地产需求冲击,四种政策机制下通货膨胀和产出的动态变化都有着显著的差异。表明宏观审慎政策剧烈影响通胀和产出的动态变化,宏观审慎政策与货币工具规则的协调搭配能有效防范经济的剧烈波动。具体脉冲响应结果表明,当经济受到生产率冲击时,央行采取最优的宏观政策是加强的泰勒规则货币政策。当经济受到货币政策冲击时,央行采取最优的宏观政策是传统的泰勒规则货币政策,当经济受到金融冲击时,央行采取最优的宏观政策是加强的泰勒规则货币政策与宏观审慎政策的协调配合。当经济受到房地产需求冲击时,央行采取最优的宏观政策是传统的泰勒规则货币政策与宏观审慎政策的协调配合。模拟结果还显示,当经济受到生产率和货币政策等传统冲击时,在四种不同政策机制下,以代表家庭效用衡量的福利水平没有显著的差异。但是如果经济突然受到大幅的金融、房地产需求等非传统外部冲击时,银行系统面临较高的脆弱性风险。此时单独的货币政策难以缓解居民福利水平的波动,而货币政策与宏观审慎政策的协调配合能有效缓解这种波动。

本章研究的相应启示包括:(1)理论启示:金融市场约束条件对央行宏观政策传导机制和实施效应有显著影响,不同约束假设条件下,央行采取的不同宏观经济政策应对不同冲击的影响路径和程度呈现显著差异,今后进行宏观效应及经济周期波动研究时,应充分区分金融市场结构和约束条件假设差异性,根据实际情况设定假设前提,以提高研究理论研究的严谨性和实证研究的稳健性;(2)政策启示:由于金融脆弱性增强了金融加速器的效应,使得微小的外界冲击容易引发大的周期波动,单一的货币政策调控不能同时防范实体经济和金融系统的稳定。因此央行在今后的宏观政策选择何操作过程中,应仔细区分外界冲击来源,根据相应的冲击源选择最优的宏观经济政策,确保实体经济体系与金融市场体系的同时稳定。

本章的研究也存在一定的不足:由于本章的分析是在封闭条件下进行的,没有考察冲击经济变量的国际因素,如国外汇率、国外通货膨胀等,这与当前我国开放的经济大环境不相符,需要未来进一步研究。

本章小结

本章利用2006年1季度至2016年1季度数据,通过区分耐心家庭和非耐心家庭,考虑金融脆弱性现实,引入金融加速模型,构建了封闭经济条件下的DNK-DSGE模型,分别考察了传统外部冲击(生产率冲击、货币政策冲击)与非传统外部冲击(金融冲击、房地产需求冲击)对经济具有怎样的宏观效应以及央行在面对金融脆弱性的宏观效应时采取何种宏观政策协调搭配(传统的泰勒规则、加强的泰勒规则、宏观审慎政策与传统的泰勒规则、宏观审慎政策与加强的泰勒规则),根据研究结论给出了相应的理论和政策启示。

九　研究结论与工作展望

（一）研究结论

本著基于国际与国家宏观经济现实为研究背景,研究基于宏观效应的金融脆弱性。根据"金融脆弱性诱因、金融脆弱性的宏观效应、金融脆弱性的宏观政策监管"逻辑顺序,基于我国宏观现实的需求,归纳总结了诱发金融脆弱性的一般理论通过作为理论框架,通过对五部门资金循环流动模型的构建,利用相关数据实证检验了资产价格波动对金融脆弱性的诱发机制,同时从利率市场化和信贷错配视角分析了金融脆弱性的宏观效应及其表现特征。在上述分析的基础上,讨论了包含金融稳定目标与不包含金融稳定目标的货币政策框架选择,并为防范金融风险,分析了不同宏观政策的协调搭配问题。研究结论对央行制订和实施货币政策具有重要的借鉴意义;同时对政府监管部门对金融市场采取不同政策协调搭配有效监管,防范金融风险提供重要的参考。具体研究结论如下:

1. 资产价格波动与金融脆弱性研究结论

以资产价格波动理论为指导,基于资金循环流动视角,利用相关指标的2010Q4—2015Q4季度数据,构建了包含金融市场多项资产价格波动的 FCI 指数和商业银行脆弱度代理变量,建立了两者之间多元线性回归与 VAR 模型,通过脉冲响应函数分析,得出 FCI 指数的表达式。研究结果表明,无论是线性回归模型还是 VAR 模型,房地产价格、汇率价格波动是造成金融脆弱性的主要扰动源,其扰动贡献值高达71%;同时进一步通过格兰杰因果关系检验得出 FCI 指数是商业银行脆弱度的单项格兰杰原因。

2. 利率市场化与金融脆弱性宏观效应研究结论

以利率市场化理论为指导,利用 2005 年 1 季度—2015 年 1 季度数据,基于金融加速器原理检验了利率对我国金融脆弱性冲击的宏观效应及其表现特征。实证结果表明,面对利率的冲击,我国商业银行脆弱性存在宏观效应,但不同类型的商业银行脆弱性的宏观效应存在显著差异。国有商业银行鉴于业务目标的多重性,极易得到政府部门的隐性担保,使得其脆弱性的宏观效应最大。股份制商业银行鉴于其科学合理的治理结构以及实现股东价值最大化的追求,脆弱性的宏观效应最小。门限回归模型表明在利率冲击下,我国商业银行脆弱性的宏观效应存在门限效应,说明利率冲击下的商业银行脆弱性宏观效应存在非线性特征,并且不同类型商业银行脆弱性的宏观效应非线性特征存在显著差异。通过门限分析还发现,我国商业银行脆弱性的宏观效应存在边际效应递减特征。EGARCH 模型实证结果表明,在利率冲击下,我国商业银行脆弱性的宏观效应存在典型的非对称性;面对下调的利率冲击时,城市商业银行脆弱性更容易受到冲击;面对上调的利率冲击时,国有商业银行脆弱性更容易受到冲击。

3. 信贷错配与金融脆弱性宏观效应研究结论

基于我国经济现实,同时放松"完美银行"和企业同质性的完美假设,将商业银行对不同企业的"二元"信贷政策引入 DNK—DSGE 模型,通过选取 2006 年 1 季度—2015 年 4 季度实际数据模拟及脉冲响应函数来考察我国金融脆弱性的宏观效应及其表现特征。研究结果表明:(1)由于我国金融市场的不完美,金融摩擦的存在,金融脆弱性的宏观效应在我国确实存在。同时随着金融市场约束条件的不同,金融脆弱性的宏观效应显著性存在明显差异性。由于放松了"完美银行"假设,银行不再是无资产约束的"完美"个体,外界微小冲击通过银行资产负债表和企业资产负债表双重扩大(收缩)机制,使得宏观效应更加显著。但是由于我国典型的银行信贷"二元"错配的存在,造成我国整体经济主体外部融资风险升水的杠杆率弹性被低估,对宏观效应又具有一定的冲抵效应。(2)信贷错配和金融脆弱性特征叠加 DNK－DSGE 模型下宏观效应面对外部冲击存在显著差异,尤其是货币政策调控效果存在显著差异,信贷错配和金融脆弱性特征叠加 DNK－DSGE 模型下的货币政策对通货膨胀调控效果最好,对总产出调控效果欠佳。(3)信贷错配和金融脆弱性特征叠加的 DNK－DSGE 模型下,宏观效应具有传递性和持续性,并且这种持续性会延长 1—2 个季度。

4. 基于宏观效应的金融脆弱性与货币政策研究结论

具体区分了货币政策目标是否包含金融稳定两种情况。在分析传统货币政策框架不包含金融稳定目标时,在梳理现有文献关于货币政策是否对资产价格波动做出反应的基础上,借鉴 Ball 模型,构建了资产价格波动与货币政策反应之间的理论模型。模型表明,央行实施货币政策进行宏观调控采取的最优利率不仅取决于当期的产出与通胀缺口,同时还取决于资产价格变化及其随机扰动项。在分析新货币政策框架包含金融稳定目标时,通过对安格(Agur)(2009)、安格和迪莫特斯(Ague and Demertzis)(2010)模型框架进行修正与扩展,详细分析金融稳定对中央银行货币政策规则的影响。模型显示:如果中央银行的货币政策规则不考虑金融稳定目标,将导致中央银行确定的最优利率水平出现系统性的低估。造成这种低估的原因在于货币政策政策视野的局限性,即未能考虑中长期金融脆弱性所带来的潜在产出损失和通胀成本。因此考虑现实金融脆弱性,现行的货币政策应该将金融脆弱性纳入其目标体系。体现在利率规则上,得出的相应政策启示是,相比仅仅盯住产出和通胀缺口的传统货币政策利率规则,考虑金融稳定目标后的货币政策可能需要一个相对较高的利率规则值,来平抑金融体系的过度风险。

5. 基于宏观效应的金融虚弱性与宏观政策协调搭配研究结论

通过区分耐心家庭和非耐心家庭,考虑金融脆弱性现实,引入金融加速模型,构建了封闭经济条件下的 DNK – DSGE 模型,分别考察了传统外部冲击(生产率冲击、货币政策冲击)与非传统外部冲击(金融冲击、房地产需求冲击)对经济冲击具有怎样的宏观效应以及央行在面对金融脆弱性的宏观效应时采取何种宏观政策协调搭配(传统的泰勒规则、加强的泰勒规则、宏观审慎政策与传统的泰勒规则、宏观审慎政策与加强的泰勒规则)。模拟结果表明:当经济面临金融和房地产需求等非传统外部冲击时,在考虑了金融脆弱性特征后,经济冲击的宏观效应响应时间更长,经济中最大冲击出现的时间比未考虑金融脆弱性情况下的冲击延后2—3个季度。这意味着由于考虑金融脆弱性特征,增强了金融加速器作用,外部冲击的宏观效应更具持续性。同时模拟结果发现,在传统的外部冲击下,无论是生产率冲击还是货币政策冲击,四种政策机制下通货膨胀和产出的运行轨迹基本一致,传统外部冲击对经济影响程度不存在显著差异。表明宏观审慎政策并不剧烈影响通胀和产出的动态变化,单一的货币政策能有效防范经济的波动。在非传统的外部冲击下,无论是金融冲击还是房地产需求冲击,四种政策机制下通货膨胀和产出的动态变化都有着显著的差异。表明宏观审慎政策剧烈影响通胀和产出的动态变化,宏观审慎政策与货币政策的协调搭配能有效防范经济的剧烈波动。具体脉冲响应函数结果表明,当经济受到生产率冲击时,央行采取最优的宏观政策是加强的泰勒规则;当经济受到货币政策冲击时,央行采取最优的宏观政策是传统的泰勒规则;当经济受到金融冲击时,央行采取最优的宏观政策是加强的泰勒规则与宏观审慎政策的协调配合;当经济受到房地产需求冲击时,央行采取最优的宏观政策是传统的泰勒规则与宏观审慎政策的协调配合。模拟结果还显示,当经济受到生产率和货币政策等传统冲击时,在四种不同政策机制下,以代表家庭效用衡量的福利水平没有显著的差异。但是如果经济突然受到大幅的金融、房地产需求等非传统外部冲击时,银行系统面临较高的脆弱性风险。此时单独的货币政策难以缓解居民福利水平的波动,而货币政策与宏观审慎政策的协调配合能有效缓解这种波动。

（二）工作展望

1. 关于跨境资本流动对金融脆弱性的影响

通过五部门资金循环流量模型关于"金融窖藏"的分析可知，"金融窖藏"的形成有一部分来自国外资金，即跨境资本。历次金融危机也表明，跨境资本频繁流动也是引发金融危机的一个重要因素。近年来，我国外汇管理制度改革更加彻底，股市和自贸区率先开放，人民币加入 SDR，这些都表明当前我国金融市场化改革尤其是资本账户开放已经进入关键阶段，未来尤其需要警惕境外资金对我国金融市场的投机而引发的金融市场动荡、金融机构倒闭、金融危机的产生。在这样的背景下，研究我国跨境资本流动对金融脆弱性影响，尤其是基于最新的资本流动管理框架构建我国在资本账户开放后的防火墙机制，具有重要的现实意义，需要今后进一步研究。

2. 关于资产价格波动对不同性质金融脆弱性的影响

我国的金融市场是典型商业银行为主导的间接金融市场。从目前我国商业银行构成看，已经发展为大型国有商业银行、股份制商业银行、城市商业银行以及农村商业银行的多层次结构。不同类型的商业银行抵御金融风险的能力存在差异。本书关于资产价格波动对金融脆弱性的研究,是把商业银行当作一个"黑箱"来看待,没有深入分析不同类型商业面对资产价格波动冲击所显现出来的差异。这需要今后进一步研究。

参考文献

[1]巴曙松:《金融危机下的全球金融监管走向及展望》,《西南金融》2009年第10期。

[2]北京大学中国经济研究中心宏观组:《流动性的度量及其与资产价格的关系》,《金融研究》2008年第9期。

[3]卞志村、孙慧智、曹媛媛:《金融形势指数与货币政策反应函数在中国的实证检验》,《金融研究》2012年第8期。

[4]陈继勇、袁威、肖卫国:《流动性、资产价格波动的隐含信息和货币政策选择》,《经济研究》2013年第11期。

[5]陈守东、张丁育:《逆周期资本监管与金融稳定》,《吉林大学社会科学学报》2016年第3期。

[6]陈雨露、马勇:《构建中国的"金融失衡指数":方法及在宏观审慎中的应用》,《中国人民大学学报》2013年第1期。

[7]程璐:《货币政策与宏观审慎政策的效用结果研究——基于新凯恩斯DSGE模型》,《当代经济科学》2015年第6期。

[8]崔光灿:《资产价格、金融加速器与经济稳定》,《世界经济》2006年第11期。

[9]邓创:《中国货币政策应该盯住资产价格吗?》,《南京社会科学》2015年第7期。

[10]段军山:《资产价格波动与银行不稳健的宏观经济后果》,《金融与经济》2007年第4期。

[11]杜清源、龚六堂:《带金融加速器的RBC模型》,《金融研究》2005年第4期。

[12]顾海峰:《信贷配给、银保协作与银行信贷效率改进》,《经济与管理研究》2013年第4期。

[13]桂荷发、邹朋飞、严武:《银行信贷与股票价格动态关系研究》,《金融论坛》2008年第8期。

[14]郭田勇:《资产价格、通货膨胀与中国货币政策体系的完善》,《金融研究》2006年第10期。

[15]雒雅梅、王丽娅:《加息、利率市场化与金融脆弱性研究》,《特区经济》2005年第1期。

[16]何东、王红林:《利率双轨制与中国货币政策实施》,《金融研究》2011年第12期。

[17]何静、李纯璞、邱长溶:《信贷规模与房地产价格的非线性动态关系研究》,《经济评论》2011年第2期。

[18]黄金老:《论金融脆弱性》,《金融研究》2001年第3期。

[19]黄宪、王书朦:《资产价格波动与货币政策调控》,《当代经济研究》2013年第9期。

[20]胡援成、舒长江:《我国金融脆弱性:利率冲击与金融加速器效应》,《当代财经》2015年第12期。

[21]胡援成、舒长江、张良成:《基于资金循环视角的资产价格波动与商业银行脆弱性研究》,《江西社会科学》2016年第8期。

[22]胡祖六:《东亚的银行体系与金融危机》,《国际经济评论》1998年第2期。

[23]孔庆龙:《资产价格波动与银行危机的一般均衡分析模型的改选》,《上海金融》2008年第9期。

[24]卢宝梅:《通货膨胀目标制、资产价格膨胀和货币政策反应》,《经济

学季刊》2008年第3期。

[25]李文泓:《关于宏观审慎监管框架下逆周期政策机制的探讨》,《金融研究》2009年第7期。

[26]李健、邓瑛:《推动房价上涨的货币因素研究》,《金融研究》2011年第6期。

[27]刘金全、刘达禹、张达平:《资产价格错位与货币政策调控:理论分析与政策模拟》,《经济学动态》2015年第7期。

[28]李双成、王春峰:《中国股票市场价格波动与交易量关系的贝叶斯分析》,《西北农林科技大学学报》2003年第3期。

[29]林毅夫、章奇、刘明兴:《金融结构与经济增长:以制造业为例》,《世界经济》2003年第1期。

[30]李成、刘生福:《利率市场化会加剧银行过度风险承担吗?》,《经济管理》2015年第12期。

[31]吕江林:《我国的货币政策是否应对股价变动做出反应?》,《经济研究》2005年第3期。

[32]鲁晓东:《金融资源错配阻碍了中国的经济增长吗?》,《金融研究》2008年第4期。

[33]李妍:《宏观审慎监管与金融稳定》,《金融研究》2009年第8期。

[34]骆祚炎:《资产价格波动、经济周期与货币政策调控进展》,《经济学动态》2011年第3期。

[35]马勇:《植入金融因素的DSGE模型与宏观审慎货币政策规则》,《世界经济》2013年第7期。

[36]马亚明、赵慧:《热钱流动对资产价格波动和金融脆弱性的影响》,《现代财经》2012年第6期。

[37]梅良勇、刘勇:《后危机时期金融监管的国际趋势分析》,《金融理论与实践》2010年第5期。

[38]庞晓波、王作文、王国铭:《宏观审慎监管政策与货币政策关系研究》,《经济纵横》2013年第3期。

[39] 潘英丽:《金融体系脆弱性的制度分析》,《世界经济格局的变化与中国金融的发展和创新研讨会暨第二届中国金融论坛》2004年。

[40] 瞿强:《资产价格与货币政策》,《经济研究》2001年第7期。

[41] 綦相:《国际金融监管改革启示》,《金融研究》2015年第2期。

[42] 史炜、瞿亢、侯振博:《英国金融统一监管的经验以及对中国金融监管体制改革的建议》,《国际金融》2007年第1期。

[43] 舒长江、胡援成、樊嬿:《资产价格波动与商业银行脆弱性》,《财经理论与实践》2017年第1期。

[44] 宋玉华、李泽祥:《金融经济周期理论研究新进展》,《浙江大学学报》(人文社会科学版)2007年第7期。

[45] 王爱俭、王璟怡:《宏观审慎政策效应及其与货币政策关系研究》,《经济研究》2014年第4期。

[46] 唐兴国、刘艺哲:《银行贷款竞争对金融稳定的影响——基于贷款利率市场化的实证研究》,《金融经济学研究》2014年第1期。

[47] 伍戈:《货币政策与资产价格:经典理论、美联储实践及现实思考》,《南开经济研究》2007年第4期。

[48] 文凤华、张阿兰、戴志锋、杨晓光:《房地产价格波动与金融脆弱性:基于中国的实证研究》,《中国管理科学》2012年第2期。

[49] 王凤京:《基于金融市场化的中国金融脆弱性研究》,《求索》2006年第12期。

[50] 王立勇、张良贵、刘文革:《不同粘性条件下金融加速器效应的经验研究》,《经济研究》2012年第10期。

[51] 王晓、李佳:《金融稳定目标下货币政策与宏观审慎监管之间的关系:一个文献综述》,《国际金融研究》2013年第4期。

[52] 王晓明:《银行信贷与资产价格的顺周期关系》,《金融研究》2010年第3期。

[53] 王晓明、施海松:《资产价格波动形势下货币政策工具的宏观调控效应比较研究》,《上海金融》2010年第11期。

[54] 伍超明:《虚拟经济与实体经济关系研究——基于货币循环流模型的分析》,《财经研究》2004年第8期。

[55] 肖本华:《投资成本、信贷扩张与资产价格》,《世界经济》2008年第9期。

[56] 徐璐、钱雪松:《信贷热潮对银行脆弱性的影响》,《国际金融研究》2013年第11期。

[57] 邢天才、田蕊:《货币政策应否关注资产价格和汇率的波动——一个基于VAR模型的实证》,《经济问题》2010年第10期。

[58] 杨惠昶、石岩:《美国主导的金融自由化:世界金融危机的祸首》,《税务与经济》2009年第3期。

[59] 杨柳、冯康颖、黄婷:《货币政策是否适宜作为房价的直接调控手段?—基于SFAVAR模型的实证研究》,《管理评论》2013年第10期。

[60] 殷孟波:《中国信用基础脆弱性分析》,《四川金融》1999年第3期。

[61] 杨伟、谢海玉:《资产价格与货币政策困境:"善意忽视"能解决问题吗?》,《国际金融研究》2009年第6期。

[62] 余婧:《中国金融资源错配的微观机制——基于工业企业商业信贷的经验研究》,《复旦学报(社会科学版)》2012年第1期。

[63] 余雪飞、宋清华:《二元信贷错配特征下的金融加速器效应研究——基于动态随机一般均衡模型的分析》,《当代财经》2013年第4期。

[64] 余喆杨:《资产价格波动与宏观经济稳定研究》,中国农业大学出版社2011年版。

[65] 周晖、王擎:《货币政策与资产价格波动:理论模型与中国的经验分析》,《经济研究》2009年第10期。

[66] 张良贵:《中国宏观经济波动中金融加速器的作用机制研究》,吉林大学博士学位论文,2012年。

[67] 张敏锋、李拉亚:《宏观审慎政策有效性研究最新进展》,《经济学动态》2013年第6期。

[68] 张庆君:《资产价格为波动与金融稳定性研究》,吉林大学出版社

2011年版。

[69]张睿峰:《杠杆比例、资产价格泡沫与银行信贷风险》,《金融与经济》2009年第9期。

[70]张佩、马弘:《借贷约束与资源错配——来自中国的经验证据》,《清华大学学报(自然科学版)》2012年第9期。

[71]张雪兰、何德旭:《逆周期宏观审慎监管工具的有效性:国外文献评述》,《国外社会科学》2014年第4期。

[72]张亦春、胡晓:《宏观审慎视角下的最优货币政策框架》,《金融研究》2010年第5期。

[73]中国人民银行内江市中心支行课题组:《银行信贷资源错配与产能过剩问题研究——以钢铁行业的川威集团为例》,《西南金融》2016年第3期。

[74]张玉:《资产价格波动成因、测度以及对金融不平衡的影响》,《市场经济与价格》2014年第2期。

[75]周小川:《金融政策对金融危机的响应——宏观审慎政策框架的形成背景、内在逻辑和主要内容》,《金融时报》2011年第1期。

[76]张新平、王展:《美国金融危机与新自由主义的破灭》,《世界经济与政治论坛》2009年第3期。

[77]钟伟:《从亚洲金融危机看当代国际金融体系的内在脆弱性》,《北京师范大学学报》(社会科学版)1998年第5期。

[78]郑鸣:《我国银行体系的脆弱性与市场化改革》,《中国经济问题》2003年第3期。

[79]郑庆寰:《金融脆弱性与房地产价格波动相互作用机制分析》,《价格理论与实践》2009年第4期。

[80]张旭、彭劼、赵昌川:《我国货币政策与资产价格泡沫形成的实证分析》,《上海金融》2016年第5期。

[81] Adalid R C, "Detken. Liquidity Shocks and Asset Price Boom/Bust Cycles", European Central Bank Working Paper, No. 732, 2006

[82] Adrian, Tobias and Shin Hyun Song, "Liquidity and Financial Cycies", BIS Annual Conference Working Paper, No. 8, 2007

[83] Agnello L L Schuknecht, "Booms and Busts in Housing Market: Determinants and Lmplications", *Journal of Housing*, Vol. 20, No. 3, April 2011, pp. 171 – 190

[84] Agur I, "A model of Monetary Policy and Bank Risk Taking", Dutch Central Bank Working Paper, No. 11, 2009

[85] Agur I and M. Demertzis, "Monetary Policy and Excessive Bank Risk Taking", Dutch Central Bank Working Paper, No. 12, 2009

[86] Aguiar A. and Drumond I, "Business Cycle and Bank Capital Requirements: Monetary Policy Transmission Under the Basel Accords", Dutch Central Bank Working Paper, No. 15, 2009

[87] Allen Fand D. Gale, "Bubbles and Crises", *The Economic Journal*, Vol. 110, January 2000, pp. 236 – 255.

[88] Angelini P, Neri S and Panetta F, "Monetary and Macroprudential Policies", ECB Working Paper, No. 1449, 2012

[89] Ansgar, Belke Walterorth and Ral Ph Setzer, "Liquidity and the Dynamic Pattern of Asset Price Adjustment: A Global View", NERO Working Paper, No. 127, 2009

[90] Arsenault M, Clayton J and Peng L, "Mortgage Fund Flows, Capital Appreciation, and Real Estate Cycles", *Journal of Real Estate Finance and Economics*, Vol. 47, No. 32, February 2013, pp. 243 – 265

[91] Aspachs O, C Goodhart and M Segoviano D, "Searching for a Metrie for Financial Stability", FMG Working Paper, No. 5, 2006

[92] Ball L, "Efficient rules for monetary policy", *international*, Vol. 2, No. 1, May 1999, pp. 63 – 83

[93] Bario C, Shim I, "What can macro – policy do to support monetary policy", BIS working Paper, No. 139, 2007

［94］Barry R, Chai, J and Schumacher L, "Assessing financial system vulnerabilities", IMF Working Paper, No. 1337, 2000

［95］Bean C, "Asset Prices, Financial Stability and Monetary Policy", *American Economic Review*, Vol. 94, No. 231, February 2004, pp. 14 – 18

［96］Beau D, Clerc L and Mojon B, "Macro – prudential policy and the conduct of monetary policy", Banque de France working papers, No. 390, 2012

［97］Bernanke B and Lown C, "The Credit Crunch", *Brookings Papers on Economic Activity*, Vol. 2, No. 23, February 1991, pp. 205 – 239

［98］Bernanke B S, Gertler M and Gilchrist S, "The Financial Accelerator and the Flight to Quality", *The Review of Economics and Statistics*, Vol. 78, No. 13, January 1996, pp. 1 – 15

［99］Bernanke B, Gertler M and Gilchrist S, *The Financial Accelerator in a Quantitative Business Cycle Framewor*, J. B. Taylor and M. Woodford, 1999, pp. 1341 – 1393

［100］Binswanger M, "The Finance Processon a Macroeconomic Level from a Flow Perspective: A New Interpretation of Hoarding", *International Review of Financial Analysis*, Vol. 6, No. 2, June 1997, pp. 107 – 131

［101］Borio C and Lowe P, "Asset price Financial and Monetary Stability: Exploring of the Nexus", BIS Working Paper, NO. 114, 2002,

［102］Blinder A. and Reis R, "Understanding the greenspan standard", DBOL. Working Paper No. 88, 2005

［103］. Bong – Soo Lee and Oliver M, "The dynamic relationship between stock returns and trading volume: Domestic and cross – country evidence", *Journal of Banking and Finance*, Vol. 26, No. 63, July 2002, pp. 51 – 781

［104］Brenda Gonzales – Hermosillo, "Developing Indicators to Provide Early Warnings of Banking Cries", *Finance and Developing*, Vol. 36, No. 2, June 1999, pp. 4 – 36

［105］Brunnermeier M, "Deciphering the Liquidity and Credit Crunch",

Journal of Economic Perspective, Vol. 27, No. 52, January 2009, pp. 14 – 18

[106] Caprio, G and Summers L, "Finance and its Reform: Beyond Laissez Faire", World Bank Working Paper, No. 1171, 1993

[107] Carter M, "Financial Innovation and Financial Fragility", *Journal of Economic Issues*, Vol. XXXI, No. 3, August 1989, pp. 134 – 152

[108] Cecchetti S G and H Genberg J, "Lipsky and S. Wadhwani. Asset Prices and Central Bank Policy", CEPR Working Paper, No. 117, 2000

[109] Chari V V and Jagannathan R, "Banking Panics, Information, and Rational Expectations Equilibrium", *Journal of finance*, Vol. 43, No. 28, October 1988, pp. 749 – 761

[110] Charles Ka Yui Leung, Garion Chi Keung Lau and Youngman Fai Leong, "Testing Alternative Theories of the Property Prices – TradingVolume Correlation", *Journal of Real Estate Research*, Vol 123, No131, November 2002, pp. 113 – 142

[111] Chen Nanguang, "Asset Price Fluctuation in Taiwan: Evidence From Stock and Estate Prices 1973 to 1992", *Journal of Asian Economics*, December 2001, pp. 215 – 232

[112] Christensen I and A Dib, "The Financial Accelerator in an Estimated New Keynesian Model", *Review of Economic Dynamics*, November 2008, pp. 155 – 178

[113] Claessens S, M A Kose and M E Terrones, "How do business and financial cycles interact?", *Journal of International Economics*, Vol. 87, No. 32, January 2012, pp. 178 – 190

[114] Crockett A, "Marrying the micro – and macro – prudential dimensions of financial stability", BIS Working Paper, No. 9, 2000

[115] Danielsson J and Zigrand J P, "Equilibrium Asset Pricing with Systemic Risk", *Economic Theory*, Vol. 35, No. 54, February 2008, pp. 293 – 319

[116] Demary Markus, "The Link between OutPut, Inflation, Monetary poliey

and Housing Price Dynamics", Institut der deutschen Wirtschaft Koeln, No. 08, 2009

[117] Demirg - Kunt A and Detragiache E, "The Determinants of Banking Crises: Evidence from Developed and Developing Countries", IMF Staff Papers, No8, 2005

[118] Demirg - Kunt A and Detragiache E, "Financial Liberalization and Financial Fragility", Word Bank Policy Research Working Paper, No. 1917, 1998

[119] Diamond D W and Dybvig P H, "Bank Runs, Deposit Insurance and Liquidity", *Journal of political Economiy*, Vol. 91, No. 18, March 1983, pp. 401 - 419

[120] Diamond D W and Rajan R G. , "A Theory of Bank Capital", *Journal of Finance*, June 2000, pp. 2431 - 2465

[121] De Bandt O and Hartmann P, "Systemic Risk: A Survey", ECB Working Papers, No. 35, 2000

[122] Drehmann M, "*Macroeconomic Stress Testing Banks: A Survey Of Methodologies, in Stress Testing the Banking System: Methodologies and Applications*", Cambridge: Cambridge University Press, 2009, pp. 45 - 50

[123] Giese J V and Tuxen C K, "Global Liquidity, Asset Priees and Monetary Policy: Evidence from Cointegrated VAR Models", Oxford University Working paper, No. 78, 2007

[124] Gelain P, "Macro - Prudential Policies in a DSGE Model with Financial Frictions", Dynare Conference Working Paper, No. 36, 2011

[125] Gelos R and Werner A, "Financial Liberalization, Credit Constraints, andCollateral: Investment in the Mexican Manu - facturing Sector", *Journal of Development Economics*, Vol. 2 No. 67, March 2002, pp. 1 - 27

[126] Gerdesmeier, Roffia. , and Reimers, "Asset Price misalignlments and the role of money and credit", ECB Working PaPer, No. 1086, 2009

[127] Gertler M and N Kiyotaki, "Financial Intermediation and Credit Policy

in Business Cycle Analysis", *Handbook of monetary economics*, March 2011, pp. 548 – 601

[128] Goetz V P, "Asset Prices and Backing Distress: a Macroeconomic Approach", *Journal of Financial Stability*, Vol. 5, No. 3, October 2009, pp. 298 – 319

[129] Goodchart C, "*Price Stability and Financial in Central Bank and the Financial System*", MIT Press, 1995

[130] Halling M and E Hayden, "Bank Failure Predicition: A two – step Survival Approach", IMF Working Paper, No. 36, 2006

[131] Hanson S, Kashyap A and Stein, J. A, "Macro – prudential Approach to Financial Regulation", *Journal of Economic Perspectives*, Vol. 2, No. 89, January 2010, , pp. 15 – 20

[132] Houben A, Kakes J and Shinasi G. , "Toward a Framework for safeguarding Financial Stability", IMF Working Papers, No. 101, 2004

[133] Iacoviello M, "Financial business cycles", The Board of the Governors of the Federal Reserve Working Paper, No. 89, 2013

[134] Iacoviello M Neri S, "Housing Market Spillovers: Evidence From an Estimated DSGE Model", *American Economics Journal*, Vol. 2, No. 2, August 2010, pp. 125 – 164

[135] Ireland P. G, "Endogenous Money or Sticky Prices?", *Journal of Monetary Economics*, Vol. 50, No. 92, April 2003, pp. 1623 – 1648

[136] Jansen W J, "What do Capital Inflows do? Dissecting the Transmission Mechanism for Thailand, 1980 – 1996", *Journal of Macroeconomics*, Vol. 25, No. 81, June 2003, pp. 457 – 480

[137] Kaminsky G. L and Reinhart C M, "The Twin Crises: The Causes of Banking and Balance – of – Payments Problems", *American Economic Review*, Vol. 89, No. 3, July 1999, pp. 473 – 500

[138] Kollmann R, "Global banks, financial shocks and international business cycles: Evidence from an estimated model", CEPR Discussion Papers, No. 85,

2012

[139] Kontonikason A and Montagnoli A, "Optimal monetary policy and asset price misalignments", *Scottish Journal of Political Economy*, Vol. 11, No. 64, September 2006, pp. 4 - 21

[140] Korinek A, "SystemicRisk - Taking: AmplificationEffects, Externalitiesand and Regulatory Responses", Work - in - Progress of University of Maryland, No. 78, 2009

[141] Kwon Eunkyung, "Monetary Policy, Land Prices, and Collateral Effects on Economic Fluctuations: Evidence from Japan", *Journal of the Japanese and International Economies*, Vol. 9, No. 12, Octocber 1998, pp. 175 - 203

[142] Lacoviello M, "House Prices, Borrowing Constraints, and Monetary Policy in the Business Cycle", *American Economic Review*, Vol. 95, No. 3, May 2005, pp. 739 - 764

[143] Levine Ross, "Financial Development and Economic Growth: views and Agenda", *Journal of Economic Literature*, Vol. 6, No. 71, March 1997, pp. 688 - 726

[144] Liu Z and P F Wang, "Indeterminate credit cycles" Federal Reserve Bank of San Francisco Working Paper, No. 87, 2010,

[145] Guang Ling Liu and N E Seeiso, "Basel Procy Clicality: The case of South Africa", *Economic Modeling*, Vol. 29, No. 3, Octocber 2012, pp. 848 - 857

[146] Machado J A and J Sousa, "Identifying Asset Price Booms and Busts with Quantile Regressions", Banco de Portugal Working Paper, No. 8, 2006

[147] Malkiel B G, "Bubbles in asset prices", *Journal of the Econometric Society*, Vol. 8, No. 17, February 2010, pp. 186 - 198

[148] Marshall D, "Understanding the Asian Crisis: Systemic Risk as Coordination Failure, Federal Reserve Bank of Chicago", *Economics Perspectives*, Vol. 3, No. 38, December 1998, pp. 13 - 28

[149] Mckinnon R and Pill H, "International Borrowing: A Decomposition of

Credit and Currency Risks", *World Development*, , Vol. 10, No. 89, February 1988, pp. 138 – 153

[150] Mekinnon Ronald, "*Money and Capital in Economic Development*", Washington: Brooking sInstitution, 1973

[151] Mishkin Frederic S, "The Transmission Mechanism and The Role of Asset Priees in Monetary Poliey", NBER Working PaPer, No. 8617, 2001

[152] Minsky Hyman P, "Long Waves in Financial Relations: Financial Factors in the More Severe Depressions", *American Economic Review*, Vol. 5, No. 8741, February 1995, pp. 324 – 335

[153] Mody Ashoka, Sarno Lucio and Mark P Taylor, "A Cross – country Financial Accelerator: Evidence from North America and Europe", *Journal of International Money and Finance*, Vol. 26, No. 8541, September 2007, pp. 149 – 165

[154] Nicholas A Pergis, "Housing Prices and Macroeconomic Factors: Prospects With in the European Monetary Union", *international Real Estate Review*, Vol. 5, No. 457, March 2003, pp. 153 – 176

[155] Perotti E and Suarez J, "Liquidity risk charges as a macro – prudential tool", *Mimeo University of Amsterdam*, Vol. 4, No. 231, May 2009, pp. 7 – 12

[156] Piti Disyatat, "Inflation targeting, asset prices and financial imbalances: conceptualizing the debate", BIS Working Paper, No. 168, 2005

[157] Pool, W., Optimal Choice of Monetary Instruments in a Simple Stochastic Macro Model [J]. The Quarterly Journal of Economics, 1970, 84(2): 197 – 216

[158] Roger and Olivero, "Is there a Financial Accelerator in US Banking?", Econimics Letters, Vol. 108, No. 9741, June 2010, pp. 167 – 171

[159] Rueffer R and Stracea L, "What is Global Exeess Liquidity, and Does it Matter", ECB Working Paper, No. 696, 2011

[160] Schwer t G, "Stock volatility and crash", *Review of Financial Studies*, Vol. 3, No. 1152, January 1990, pp. 77 – 102

[161] Semmler W and Z wenlan, "Asset Price Volatility and Monetary Policy

Rules:A Dynamic Model and Empirical Evidence", *Econimic Modelling*, Vol. 24, No. 5241, March 2007, pp. 411 – 430

[162] Shaw Edward, "*Financial Deeping in EconomicDevelopment*", LonDon: Oxford University Press, 1969,

[163] Shin H S, "Risk and Liquidity in a System Contex t", BIS Working Papers, No. 6321, 2006

[164] Sohnke M B, Gregory B W and John H F, "Estimating Systemic Risk in the International Fnancial System", *Journal of Economics*, Vol. 86, No. 5621, August 2007, pp. 835 – 869

[165] Stein J, "Prices and Trading Volume in the HousingMarket: A Model with Down – Payment Effects", *Quarterly Journal of Economics*, Vol. 110, No. , 897, January 1995, pp. 379 – 405

[166] Stiglitz J and Weiss A, "Credit Rationing in Markets with Imperfect Information", *Amerrican Economics Review*, Vol. 71, No. 474, February 1981, pp. 393 – 410

[167] Svevsson L, "What is wrong with taylor rules? Using judgement in monetary policy through targeting rules", *Journal of Economics Literatu*re, Vol. 41, No. 1264, December

2003, pp. 426 – 477

[168] Tomacs, "Gross capital flows and asymmetric information", *Journal of International Money and Finance*, Vol. 22, No. 87, February 2003, pp. 835 – 8641

[169] Unsal D F, "Capital Flows and Financial Stability: Monetary Policy and Macroprudential Responses", IMF Working Paper, No. 189, 2011

[171] White W, "Past financial crises, the current financial turmoil, and the need for a newmacro – financial stability framework", Journal of Financial Stability, Vol. 24, No. 287, November 2008, pp. 309 – 338

[172] Wilson J W, "An analysis of the s&p500 Index and Cowles extensions: price indexes and stock return, 1870 – 1999", *Journal of Busines*, Vol. 75,

No. 895, August 2002, (75): 505 – 533

[173] Zicchino L, "A Model of Banking Capital, Lending and the Macroeconomy: Basel I versus Basel II", Banking of England Working Paper, No. 567, 2005,

[174] Zdzienicka, A Chen, S Kalan F, "Effects of Monetary and Macroprudential Policies on Financial Conditions: Evidence from the United States", IMF Working Paper, No. 288, 2015